我们一起解决问题

人力资源管理创新丛书

激励与绩效

员工激励多样化方案

［英］伊恩·麦克雷（Ian Macrae）
［英］艾德里安·弗尔汉姆（Adrian Furnham）　◎著

龙红明◎译

人民邮电出版社

北　京

图书在版编目（CIP）数据

激励与绩效：员工激励多样化方案 /（英）伊恩·
麦克雷（Ian Macrae），（英）艾德里安·弗尔汉姆
（Adrian Furnham）著；龙红明译. -- 北京：人民邮电
出版社，2020.3（2022.5重印）
（人力资源管理创新丛书）
ISBN 978-7-115-53325-8

Ⅰ．①激… Ⅱ．①伊… ②艾… ③龙… Ⅲ．①企业管
理－人事管理－激励－研究②企业绩效－研究 Ⅳ．
①F279.92②F272.5

中国版本图书馆CIP数据核字(2020)第020194号

内容提要

企业若想在竞争日益激烈的市场中占有一席之地，就需要运用能够有效激励员工的
方法，不断提升员工的士气，提高员工的敬业度和忠诚度，促使人才愿意长久地为企业
效力。

《激励与绩效》基于经典的激励模型，结合金融行业、零售行业、公共部门以及其他
行业的真实案例，解析了代际差异与员工的工作表现及绩效之间的关系，介绍了有效洞
察不同层次和不同需求的员工动机的途径，并提供了有效激励员工、减少员工怠工现象、
提升员工满意度进而真正提升工作效率和绩效的方法。

本书能够帮助企业管理者以及人力资源管理人员深入理解准确激励员工的方法，有
效降低员工流失率，显著提升员工的绩效，使企业在市场竞争中脱颖而出。

◆ 著　　[英]伊恩·麦克雷（Ian Macrae）
　　　　 [英]艾德里安·弗尔汉姆（Adrian Furnham）
　　译　　龙红明
　　责任编辑　曹延延
　　责任印制　彭志环

◆ 人民邮电出版社出版发行　　北京市丰台区成寿寺路 11 号
　　邮编 100164　　电子邮件 315@ptpress.com.cn
　　网址 http://www.ptpress.com.cn
　　北京虎彩文化传播有限公司印刷

◆ 开本：700×1000　1/16
　　印张：15.75　　　　　　　　　　　　 2020 年 3 月第 1 版
　　字数：250 千字　　　　　　　　　 2022 年 5 月北京第 7 次印刷
　　著作权合同登记号　图字：01-2018-4833 号

定　价：69.00 元
读者服务热线：（010）81055656　印装质量热线：（010）81055316
反盗版热线：（010）81055315
广告经营许可证：京东市监广登字 20170147 号

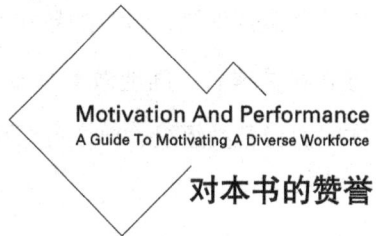

《激励与绩效》是有关职场激励的指南书。本书介绍的翔实的案例和工具，能够指导组织、团队和个人提高工作效能。本书适合管理者和相关领域的专业人士阅读。本书的特点在于关注管理的基础性工作，而不是鼓励管理者依靠直觉来进行管理。

——托马斯·查莫罗 – 普雷穆齐（Tomas Chamorro-Premuzic），
霍根评估公司首席执行官、哥伦比亚大学商业心理学教授、
伦敦大学学院商业心理学教授

许多管理者企图通过单一的、"银弹"[①]式的、一本万利的解决方案来提高员工的工作绩效。但现实是，激励和绩效起作用的机制是复杂的。人

---

① 银弹原本指可以极大地提高程序员的生产力的某种策略、技术或者技巧。银弹效应指试图创造某种便捷的开发技术以提高生产力，或者摆脱项目的本质或核心，从而获得超乎想象的成功。但这种做法往往是徒劳的。——译者注

们的普遍共识是，员工的敬业度和工作绩效成正比。本书清楚地指出了领导者和管理者正确地做事有多么重要，一旦方向错了，后果将非常可怕。本书适合各类组织、单位各层级的管理者阅读。

——约翰·朱普（John Jupp）博士，

空军上校、英国官佐勋衔获得者

《激励与绩效》是关于人力资源管理工作的行业指南，它介绍了许多模型和实践工具，并结合案例通俗易懂地介绍了与人力资源领域有关的专业术语，可读性和趣味性非常强。

——保罗·雷恩（Paul Rein），

托马斯国际首席心理学顾问

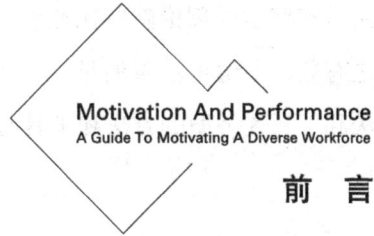

　　人们的选择及行动的结果都取决于其动机及被激励的程度。可以说，动机与激励是一切行动和一切成果的源泉。

　　失去动力的员工很有可能会选择离职。据普华永道公司估计，员工的流失每年给英国经济造成的损失达 420 亿英镑。员工流失率每降低 1 个百分点，英国就可能节省 80 亿英镑的支出。有学者发现，实施健康干预政策每年可以为员工节省 1.4 天的病假。据统计，英国每年因员工请病假损失 160 亿英镑。虽然生病是不可控因素，但是有明确的证据表明，更好的工作环境和工作条件可以降低员工患病的概率。有研究报告显示，在 14 个月的时间里，某公司通过干预员工的健康使平均缺勤率少于 5 天，并为呼叫中心节省了 105 164 英镑。另一项研究表明，公司稍微调整装配线上的人力资源制度后，每周营收增加了 2 400 美元。

　　激励理论层出不穷，激励手段也丰富多样。在接下来的每一章中，我们将结合具体的案例，介绍一些激励的工具和理论，并提供一些有关提高生产率的对策和建议。

　　激励的趋势在不断变化。众所周知，蛇油是一种简单却有效的护肤品，有些激励理论就好比蛇油。它们的概念听起来令人印象深刻，并且行之有效。但值得注意的是，有些概念却可能华而不实。我们在使用新的方法和工具代替旧的方法和工具时，要注意取其精华，去其糟粕。

有关代际差异的案例

毫无疑问，每一代人与上一代人之间都有差异，诸如价值观的差异、动机的差异、思维方式的差异等。相比代际之间，同龄人之间总是拥有更多的共同点。这样的说法正确吗？事实并非如此。本书第 1 章将介绍双因素模型和 HPMI 模型。本书第 2 章将详细介绍代际之间的分类、特点以及在工作方面的差异。代际差异这个话题之所以颇受关注，是因为从理性的角度看，目前仍没有相应的科学证据能够支持代际差异的理论是正确的；但从感性的角度看，代际差异似乎是存在的。不管怎样，从代际差异开始来讨论激励和绩效是非常有必要的。关于代际差异的认知是一种流行趋势，通过研究代际差异，我们或许可以知道这种观点是否正确，以及管理者基于代际差异的假设做出决策是否正确。

代际差异理论隐含的假设前提是"代际之间存在差异"。例如，我们假设千禧年出生的人与 1970 年或 1870 年出生的人存在着本质的差异。实际上，150 年前、甚至 50 年前的工作和工作场所的性质与现在的确实完全不同，《劳动法》也在朝着有利于员工的方向被完善。本书的后半部分将重点讨论历史变迁对激励和绩效的影响，并介绍工作承包和外包等新的管理方式和手段。

那么，我们能否通过一个人的出生年份推断出这个人的某些特征呢？事实上，从心理学的角度来看，目前没有任何关于个人特质的测试是以个人的出生年份为根据的。这一点颇具争议，因为绝大多数人都自然而然地认为自己与非同龄人之间一定有着巨大的差异。本书将通过对比不同时代但从事相似职业的两个人的动机来论证这一观点。

研究代际差异的重点是要厘清人们的误解，这将帮助组织更有效地选择合适的激励工具。本书下述各章将讨论有效激励的方法：第 4 章、第 5章将讨论动机和沟通方法，第 7 章将讨论工作敬业度和组织文化，第 8 章将讨论奖励，第 9 章将讨论公司文化与价值观。

代际差异是否真的存在？类似这样的问题，搜索引擎可以迅速给出几百万种各式各样存在争论和质疑的答案。但是大多数答案都忽略了一个重点，即代际差异的存在对管理者、领导者、人力资源工作者及相关人员是否具有特定的意义？答案是否定的。代际差异对工作几乎没有任何影响，在大多数情况下代际差异并不会给我们带来影响。对工作影响最大的是人与人之间的差异，而不是群体之间的差异。当然，不同年龄的人有不同的经历，处于不同的时代背景下，但即便如此，这些因素对组织激励和绩效的影响也是非常有限的。

本书第 8 章将讨论代际差异对薪酬评价的影响。令人惊讶的是，年轻人比老一辈的人更看重薪水。事实上，那些入不敷出或者在某种情况下赚取了很大一笔钱的人往往更看重金钱。因此，可以说，收入水平解释了动机的差异，因为年轻人往往挣得更少。

通常，研究者会在特定的案例或特殊情况下研究代际差异。我们应谨慎使用或引用有关代际差异的案例或故事，而不是利用代际差异来证明某个结论。本书并不赞同以代际差异的视角思考问题，因为个别案例不能被当作充分的证据和事实。本书最后一章将通过介绍三个案例（一个失败的案例和两个成功的案例）对激励和绩效的最佳实践进行总结。为了说明激励的重要性，本书将结合大量案例来阐述个体的动机是如何被塑造的。

两个有关激励和绩效的案例

　　第一个故事是关于严格控制的。这个故事发生在处于极端控制时期的苏联。这个时期的苏联工厂经常制订一些雄心勃勃的计划，并设定具体的产量目标，如生产拖拉机或制造飞机等。这听起来与现在的绩效目标大同小异，不同的是，这个时期的苏联工厂设定的目标往往不符合实际，而且即使是遥不可及的目标，工人也必须完成，否则后果极其严重。这种严格控制下的绩效可能会达到预期的效果，但从长期来看，更可能会削弱工人的动力，甚至损害工厂的最终利益。

　　第二个故事是关于工作检查的。一家在许多地区拥有数十万名员工的跨国咖啡连锁店，听起来像是一家具有代表性的公司。若该公司拥有不同层次的管理系统，制定符合规范的需求分析、检查和反馈流程，也许工作检查会对其起到积极作用。否则，可能刚好相反。假定公司宣布代表团将在某个时间点对某个店面进行工作检查，可以想象，检查前的几天或几周，这个店的员工会非常忙碌，他们会将此次检查当作一场演习，试图给检查团留下一个好印象。他们通过付出努力和精心准备，将店面打扫得一尘不染并保证库存充足，最优秀的员工会被安排在前台负责接待，每一个人的表现都令人满意，以便给检查团留下一个好印象：产品能满足客户需求，营业员热情、周到、服务到位。但事实上，这可能是一场闹剧。也许，这个店面在非检查期从来没有这么干净过；为了应付检查而导致库存积压的食物在检查结束的第二天就有可能被扔掉；员工清楚实情，但他们仍要为应付检查而使自己保持微笑，并因此充满抱怨和不满。更糟糕的是，真正想要努力工作的员工可能会因此对公司感到失望，失去工作的动力。可见，工作检查的效果是积极的还是消极的，与公司的管理机制密切相关。第5章将再次提到这个案例，并介绍进行工作检查的正确方法。管理者需要思考的问题是：能否脱离当前的盈利情况来思考问题？员工是否有足够的动力去完成被安排的任务？公司能否更好地改进相关管理流程和机制？

事实上，哪怕是曾经取得巨大成功、营业额达数十亿美元的公司也有可改进的空间。潜在的改进可能是简单的，也可能是异常复杂的。本书将通过介绍案例指导处于职业生涯早期的年轻人更好地成长。本书还将通过介绍一家执行弹性工作时间制度的公司的案例，启发读者进行思考。

本书的第 2 章将重点介绍代际差异，但事实上许多章节都对代际差异进行了讨论，并在代际劳动力的管理与安排方面提供了建议。

小结

本书的内容非常有趣、引人入胜，案例和论点有理有据、通俗易懂，本书可以作为管理者的案头工具书。

本书结合丰富的案例具体探讨了有关成功、失败、叛变、告密、掩饰、搞破坏等与工作激励和绩效相关的问题，并试图说明如下两点。

- **一是每个人都可以变得更好。**个人的绩效是可以被提高的，通过激励提高绩效的方法不胜枚举。
- **二是每项工作都可以做得更好。**工作是一个持续改善的过程，公司内部存在各式各样的可以让员工将工作做得更好、更有效率、提高生产力的机会，最终的结果是公司与员工之间的双赢，甚至是公司与合作伙伴之间的多赢。无论是否为声名卓著的公司，员工的绩效和公司的生产率都存在可提升的空间。例如，公司至少可以给员工提供更好的工作环境。本书将通过介绍大量案例来探讨上述论点。

公司的成功和员工的福利并不冲突，激励不应该是对二者做出权衡的手段。本书第 7 章将介绍健康的工作环境能有效提高员工的工作效率，越快乐、越健康的人效率越高。激励也不仅仅是欺骗员工为了公司的利益牺牲自己的幸福而努力工作的技巧，管理层和人力资源部门不能充当这种欺骗他人的角色。公司在进行激励时确实需要考虑如何改善每个参与者的绩效，平衡公司内外部各方的利益，以便更好地激发大家工作的动力和个人的潜力。管理层需要思考如何制订员工福利计划，需要懂得协调组织与员工的关系，并思考如何平衡这些关系。

本书将通过介绍有关个人和组织的案例来深层解读激励和绩效，并提供可利用的工具，以帮助读者更好地管理自己的组织和自己的人生。

拓展性思考

对激励和绩效这个主题感兴趣的朋友可以到相关网站获取更多资料和信息，做一些相应的在线测试，以加深对激励和绩效的理解。也可以自问和思考，在工作中，你的动机是什么？你是哪种类型的员工？你所在的公司拥有什么样的组织文化？

Motivation And Performance
A Guide To Motivating A Diverse Workforce

目 录

第 1 章　激励模式　1

导论 // 2

双因素理论 // 3

两个关键因素和高潜激励因素模型（HPMI）动机测试 // 6

需求层次理论 // 8

小结 // 10

第 2 章　代际差异　13

导论 // 14

案例研究 // 16

代际差异理论 // 17

代沟神话 // 20

老员工 // 22

追根溯源 // 24

1

时代背景与环境 // 25

代际差异的 HPMI 分值 // 27

小结 // 29

第3章 **压力的生物学原理** **31**

导论 // 32

工作压力 // 34

压力的生物学原理 // 38

压力与压力源 // 40

小结与注意事项 // 46

第4章 **动机** **49**

导论 // 50

测试与特征评估 // 50

值得注意的测评细则 // 53

定性研究 // 57

一家成功的测评公司 // 61

就业公平与标准化招聘 // 62

小结 // 69

第5章 **沟通** **71**

导论 // 72

肢体语言 // 73

正式沟通与对话类型 // 78

电子邮件强迫症 // 80

短信等工具 // 83

表情符号、动态图、象形文字 // 85

午餐时的面谈 // 89

错失的机会 // 91

绩效评估与定期检查 // 93

第6章　内在动机　95

导论 // 96

什么是好工作 // 97

工作的动力 // 103

工作的能量或精力 // 105

心流 // 107

如何培养激情、积蓄能量、提高工作效能 // 108

金钱、外在与内在动机 // 110

小结 // 114

第7章　工作敬业度、组织健康与组织文化　115

导论 // 116

绩效错觉：与现实脱轨 // 118

在家办公的注意事项 // 120

瑞安公司的案例：完全的灵活性 // 123

组织文化 // 126

组织健康 // 128

古怪的选择：行走的会议 // 130

小结 // 131

第 8 章　**外在动机与奖励**　**133**

导论 // 134

从具体到抽象的奖励 // 135

需要 // 141

对名誉的渴望、自恋 // 142

认可与认可计划 // 145

对结果的认知对比 // 147

不同动机导致的产出质量和数量对比 // 150

小结 // 151

第 9 章　**文化与价值观**　**153**

导论 // 154

文化与文化变革 // 154

两个案例 // 158

组织、团队与个人的价值观 // 166

实践案例 // 169

第 10 章　**动机差距的重要性**　**173**

导论 // 174

动机差距 // 174

千禧一代的动机 // 177

小结 // 181

第 11 章　**外包动机**　**183**

导论 // 184

分包案例 // 185

零时工合同 // 186

技术参数 // 188

接班计划例证 // 191

小结 // 193

第 12 章 黑暗面及破坏性动机 195

导论 // 196

黑帮、邪教和恐怖组织 // 196

有毒组织的手段 // 200

误导性动机 // 201

组织防御机制 // 203

三种黑暗因素与动机 // 206

最优化与自适应黑暗面 // 209

小结 // 210

第 13 章 最佳实践案例与最差实践案例 213

导论 // 214

警示案例：安然与破坏性组织文化 // 215

最佳实践案例 1：G Adventures // 219

最佳实践案例 2：瑞安公司 // 221

小结 // 228

致　谢 231

译者序 233

Motivation And Performance
A Guide To Motivating A Diverse Workforce

第 1 章

激励模式

导论

为什么不同的人面对同样的情况，会做出不同的选择？为什么在两个拥有相同机会的人中，往往只有一个人能抓住机会？为什么有些人拼命争取得到晋升和认可，而另外一些人往往满足于完成本职工作，不希望成为焦点，也并不关心自己的职业发展？在完全相同的情况下，两个有着相似背景和经历的人可能有着完全不同的行为方式。

甚至，两个资历、学识和能力都相当的人，在同一职位上的表现也可能完全不同。为什么呢？问题的答案可能是"动机"。

本章将对上述问题做出解答，并将动机分为两类。本章提出的激励模型将解释为什么在工作过程中不同的人有着不同的动机，解答为什么人们会以特定的方式工作并表现出差异。例如，"某人非常有野心"，表示这个人有进取心和专注，但是我们需要深入挖掘的是：野心是什么，它又能带来什么，以及它和哪些因素（如名声、财富、自由、慈善事业等）相关。

上述所有的因素并非相互排斥。非营利也并不意味着公司不挣钱，而仅仅是指公司将不再用其利润重新进行投资。一个成功的非营利性公司可能会关注慈善事业，但这并不代表其没有赚钱的动机。任何组织和个体都可能有多种动机，很少有人只有某一种动机。

本章将介绍广为流传且经过充分论证的双因素理论，并在此基础上建立 HPMI 激励模型。该激励模型理论将贯穿本书的始终，相关章节的案例研究和激励实证都将以此为基础。

双因素理论

动机是"一种激发行动的力量"。动机与目标紧密相关。动机的 4 个关键因素如下所示。

1. **激励**：对特定目标的兴趣。例如，想读一本好书、想升职。

2. **方向**：专注于一个特定的目标。例如，我宁愿通过加班获得晋升，也不愿意读那本书。

3. **强度**：在完成特定目标上花费的精力和努力程度。例如，我愿意通过每天加班一个小时获得晋升。

4. **坚持不懈**：不管遇到什么困难、阻碍，都能够持续追求自己的目标。例如，尽管我的同事都很优秀，大家都有同样的机会获得晋升并且需要应对许多挑战，但是，我仍然会为之努力。

在 60 多年前，以弗雷德里克·赫茨伯格（Frederick Herzberg）为首的一群心理学家提出了著名的双因素激励理论，至今它仍然被广泛应用于激励领域。以一个自认为非常成功的企业家为例，假设他领导着一家中等规模、发展迅速的公司。这位企业家忙于处理公司的各类事务，承受着巨大的压力，经常加班。虽然如此，但是由于业绩可观，他对这种状态感到非常满意并享受其中。经历多年的快速发展后，在某一年，该公司的利润开始减少。那么，接下来会发生什么呢？极有可能发生的情况是，这位企业家会因为业绩下滑而懊恼，但是，他的工作状态并不会改变，他仍然斗志昂扬，持续关注对公司有利的、新的发展机会。换句话说，这种回归盈利并寻找新的机遇的动力可能具有令人难以置信的激励作用。在某些方面，如果人们被适当地激励和引导，不利的情况也可以转化成有效的激励工具。当然，满意与不满意适用于不同的条件和环境。例如，个人可以由于工作的某些方面而感到满足（如公司给予的挑战和机会），但又可以对工作的某些其他方面感到不满。

赫茨伯格的双因素理论指出，某些因素可能会使员工感到满足，而另一些因素可能会导致员工感到不满。例如，员工可能因拥有成就、能力和个人价值等而产生幸福感和满足感；但公司政策、管理制度、工资、人际关系和工作条件等因素却不会使员工感到更加幸福，而如果这些条件不够好，还会使员工感到不满。

双因素理论将激励因素分为两类，如下所示。

- **激励因素**。激励因素包括有挑战性的工作、对员工成就的认可、被赋予责任、做一些有意义的事情的机会、参与组织决策、感受到自身对组织的重要性等。这些因素是来自工作本身的内在因素，并且能够给员工带来积极的满足感。认可、成就和个人成长等因素被称作"内在动机"。

- **保健因素**。保健因素指的是不可或缺的、工作本身以外的因素。公司政策、管理实践、工资薪金等因素被称作"外在动机"。

赫茨伯格认为，保健因素（外在因素）是导致员工感到不满的主要原因。为了消除工作过程中的不满情绪，管理者必须消除这些消极因素。有许多方法可以做到这一点，但是最重要的能减少员工不满的做法是支付合理的工资，提供适当的工作保障，并在工作中创造积极向上的组织文化。赫茨伯格和他的团队依据重要程度（从最重要到最不重要）对保障因素进行了排序，依次是：公司政策、管理实践、员工和其上级的人际关系、工作条件、工资和相关的福利。

赫茨伯格将有关工作的行为分成了两类，一类是我们不得不工作，他将这种状态称作"运动"，另一类是我们出于主观意愿想要完成工作，他认为此时我们拥有"动机"。他认为，公司在提升员工的工作满意度之前，消除员工的不满情绪是非常重要的，因为这两个维度往往是相互矛盾的。

根据双因素理论，存在 4 种激励因素的组合，如表 1-1 所示。

表 1-1　内部和外部激励因素的组合

		激励因素（内在因素）	
		高	低
保健因素（外在因素）	高	• 员工是积极的、主动的，被激励且有动力，满意且满足的 • 这是一种理想的情况。所有的员工都感觉到被激励，因此感觉很幸福，他们的薪水很丰厚，但是刚刚好，没有超额也不会因此激发他们贪婪的欲望。他们努力工作并且非常享受当下的工作状态 • 例如，成功的组织或非营利机构	• 员工并不积极主动，他们没有感受到被激励，但对目前的状态感到满意 • 这是一种常见的情况。员工获得的薪酬和福利是公平的，这能满足他们的需求和期望，但并没有超出期望。因此，员工没有抱怨，也没有很大的动力和激情去改善工作状态 • 例如，会计师
	低	• 员工感受到被激励，但是不满情绪弥漫，抱怨很多 • 这是一种不正常的状态。员工的不满可能会给组织带来极大的损害 • 此时需要思考的问题是，激励的作用是什么？那些对工作极度不满却又积极性很强的员工，可能成为公司的破坏者、小偷或告密者（详见第 10 章） • 例如，处于成熟期却管理不当、专业度非常低的公司	• 员工既没有被激励，又感到非常不满意 • 这是最糟糕的状态，也可能是最难补救的状态。员工从事着自己不喜欢的工作，他们的努力无法得到应有的回报 • 他们可能已经获得了丰厚的薪水，但是相比同事和领导，他们觉得不公平，并自认为得到的太少了 • 例如，薪水过低、工作繁忙的零售店，或者工作负荷过重、奖金少的投资银行

两个关键因素和高潜激励因素模型（HPMI）动机测试

经过数十年的测验、调整和优化后，双因素理论仍然被认为是有效的激励理论。双因素理论表明，人们拥有两种不同类型的动机，如下所示。

- **内在动机**。例如，具有挑战性的工作、对成就的认可、被赋予的责任、做有意义的事情的机会、参与决策的机会、对组织的重要性等。
- **外在动机**。例如，工作保障、工资、福利、工作条件、带薪假期、保险等。

本章将基于双因素理论提出专为工作场所设计的激励模型——高潜激励因素模型（High-Potential Motivation Indicator，HPMI）。

我们调研了 1 000 多个样本，证实了双因素理论的有效性。研究表明，赫茨伯格提出的双因素中的每个因素都包含 3 个要素。因此，HPMI 模型包含 6 个关键因子，它们与赫茨伯格提出的双因素对应。完成 HPMI 测试仅仅需要几分钟，它包含 30 个项目，可以分别用来衡量双因素及其 6 个方面。其中与内部激励因素相对应的因子如下所示。

- **自主性**：指个人专注于积极参与、被激励和个人发展。那些受到自主性驱动的人需要一份与他们的激情、职业发展规划和自我实现相匹配的工作。
- **成就感**：这类人被成就、进步、可实现的成功所激励。他们的动机与晋升、权力、地位和认可相关。具有高成就动机的人渴望被公司内部、团队内部认可。
- **归属感**：这类人渴望学习新的知识，关注教育，指导他人以及与他人合作。重视归属感的人更愿意与他人合作、分享，更重视工作的社会价值，并且富有社会责任感。

与外部激励因素相对应的因子如下所示。

- **安全性**：包括工作安全、人身安全，工作的一致性和规律性。一般来说，有着悠久历史、良好声誉和清晰的组织文化的公司更能给人带来安全感。关注安全性的员工更重视稳定性、一致性和可靠性。
- **经济性**：包括薪酬、保险、奖金和工作津贴等物质奖励，这些奖励很容易被衡量、计算和定义。也许还包括能使其工作得更舒适的额外奖励，如方便的办公位置、更好的办公环境及更理想的工作时间表。
- **条件性**：包括安全、保险和便利性，强调工作与个人的生活方式相符，并能够提供有利于他们工作的舒适环境。

工作环境

HPMI 激励模型是专为工作场景设计的，这一前提对研究双因素理论的三个关键因子的下述属性非常重要。

- **可靠性**。测试提供一致结果的特性，即多次测试都能始终如一地给出一致的结果，揭示出一个人的实际动机。这些问题简单、容易理解、测试者无须给出虚假的答案，因为没有正确的答案。
- **效度**。测试衡量内容准确性的特性。该测试的结果将与该领域被广泛认可的科学理论的研究结果一致，区别在于本研究的测试重点是工作场所。这一点很重要，因为一个人在工作中的动机与一个人在家里或在社会环境中的动机往往是截然不同的。
- **效用**。测试在工作场所中的有用性的特性。这项测试容易操作，而且耗时短，因为时间是工作环境的重要因素之一。测试仅仅需要几分钟的时间就能完成，所以不会耽误个体的工作。这是一个专为工作场景设计、又不影响效用的模型。

HPMI 是关于工作场景的激励因素模型，它有许多潜在的用途。在此基础上，本章还将探讨人力资源部门的三个主要职能——选择、发展和留住人才。

需求层次理论

1943 年，亚伯拉罕·马斯洛（Abraham Maslow）提出了激励理论，其中包括至今仍然广为人知的著名心理学理论——需求层次理论。

需求层次理论的基本思想揭示了不同激励因素的相对重要性。他的观点是，一些激励因素是非常基本的。如果人们缺乏这些因素，就会缺乏获得高层次需求的动力，进而阻碍更高层次的激励因素起作用。基本的生存需求和生理健康需求是位于需求层次理论最底层的需求，更抽象、复杂和理想化的需求则位于该理论的顶部。用马斯洛的话说，"这意味着，最强大的需求倾向于使意识单一化，并倾向于使个体的所有能力都为实现该目标服务，较弱的需求可能会被最小化，甚至被遗忘或否定。当一种需求得到充分满足时，下一个强势的或更高层次的需求就会出现，进而支配人们的新生活。需求一旦被满足，就不再具备激励作用"。例如，当人们遭遇自然灾害，生命和财产受到威胁时，几乎不会有人在意自尊的需求。

尽管马斯洛的需求层次理论颇受质疑，如对等级结构的质疑，但我们不能否认需求金字塔有一定的作用。

- **生理需求**。这是最基本的需求，大多数公司都能够满足这类需求，但是饥饿等因素会影响个体的工作表现。
- **安全需求**。包括工作保障和财务保障，这类需求如果没有得到满足，可能会成为阻碍人们改善绩效的重要因素。

- **归属感需求**。这类需求包含被接纳的渴望。个体渴望成为组织的一部分，并希望能够为组织做出贡献。
- **尊重需求**。这类需求指被尊重，以及付出被认可的需求。
- **自我实现的需求**。指实现个人潜能的需求。

图 1-1 显示了 HPMI 模型对马斯洛需求层次理论的重新定义，有三个要点值得注意，如下所示。

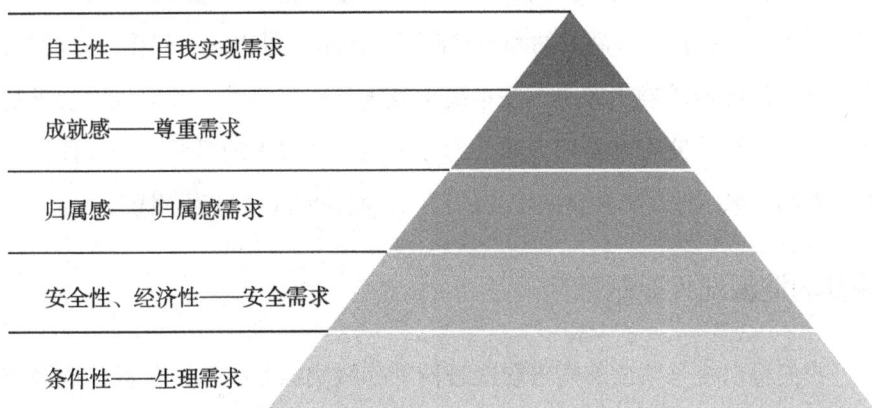

图 1-1　HPMI 与马斯洛需求层次理论

1. 这五种需求在很大程度上类似于双因素理论，金字塔的底层是外部需求，顶层是内部需求。这表明外在动机是有待移除的障碍，而内在动机是公司改善绩效的机会。
2. 工作场所的安全包括不受欺凌、不被骚扰，在生理和心理上感到安全。如果这些障碍没有被移除，那么期望改善员工工作绩效就将是徒劳的。
3. 尽管金字塔顶端的内在需求被认为是最理想的激励因素，但它对每个人的重要程度不同。有些人在工作之余仍追求自我实现，并不将工作中的个人发展当作成长的重点。这并不意味着这类人不能成为有效的工作者。每个工作场景都需要一群能够兢兢业业地做好自己的本职工作的核心员工，他们并不期望成为领导者，也不希望工作负荷过重，甚至不愿意参与公司组织的野餐活动。若管理者能够接纳公司内部存在这样一群人，能够正确对待他们的角色，也可以将团队凝聚成强大、稳定、无野心的巨大资产。如果他们的定位正确，并且动机被理解、尊重和接纳，他们很可能成为公司高效运转的核心。在许多公司，这类人往往是被忽视的。

从严格意义上来说，人们的需求并不一定呈金字塔模式。因为不同的需求可以同时存在，被满足的和不被满足的需求也可以同时起作用。但是，金字塔底层的需求确实揭示了基本需求被满足的重要性。如果人们缺乏基本的财务保障，便很难有精力和动力去追求更高水平的目标。在这种情况下，人们宁愿牺牲自尊和自我实现的需求，而花时间去追逐金钱目标。

激励的地板和天花板效应

我们可以将马斯洛的需求层次理论看作激励的底线和天花板，这些因素并不相互排斥，重要程度各不相同，效果也各不相同。外在动机决定激励的下限，内在动机决定潜在绩效的上限。最低水平的外部激励是最基本的，即使超过基本需求，也不会创造额外的价值。内在动机是激励的最高目标，能够有效改善员工的工作绩效。

小结

本章的激励模型是基于双因素理论提出的。此外，我们在双因素理论的基础上进一步探讨了决定内外因素起作用的模型——"高潜激励因素模型"（HPMI）。HPMI 模型能够更加快速、便捷地测评人们的动机。这些因素与个体的动机、个人和团队绩效有关。HPMI 模型是本书的基础。第 2 章将基于 HPMI 模型重点阐述流行的代际差异理论（往往是被误导的），后面的章节将更详细阐述本章提到的各个激励因素，并描述这些因素是如何对员工的绩效、公司的利润和福利起作用的。我们的建议是，不要低估改善员工绩效和福利在提高员工工作效率和公司盈利方面的作用。

M otivation And Performance

A Guide To Motivating A Diverse Workforce

第 2 章

代际差异

导论

代际差异是一个热门话题，若在谷歌搜索关键词"代际差异"，我们将得到如图 2-1 所示的检索量。虽然关于代际差异的出版物日益增多，但是有关此话题的大部分研究都具有一定的误导性。

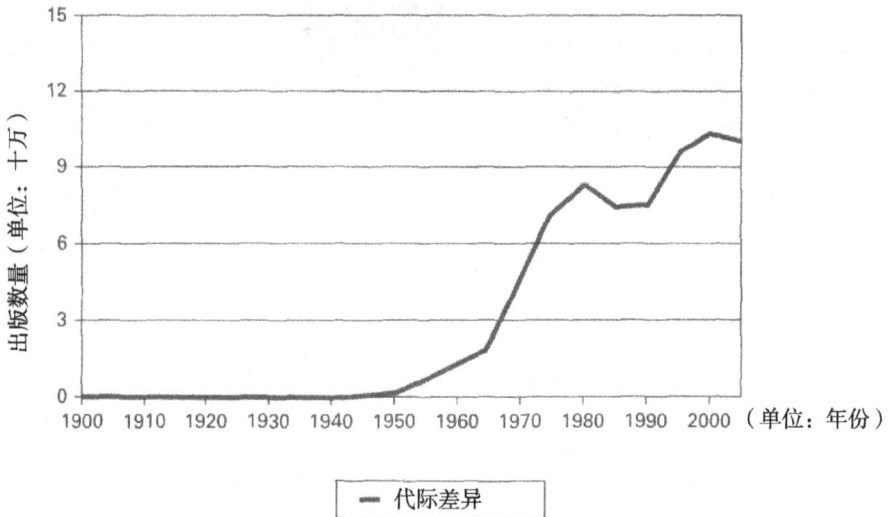

图 2-1　代际差异出版文献数

类似的错误信息可以被分为两类。

1. **首先，有关代际差异的概括性陈述适用于所有年龄组。**这类主题的文章以营销为目的。这类文章通常会使用如"职场管理千禧一代的 8 大技巧""8 大人力资源技巧"等吸引人的眼球的标题来获取更多关注和流量。这类标题的定义往往是模棱两可的，如"千禧一代如何撼动职场——你需要知道的生存和发展的 7 大趋势"。这类文章通常会给人们灌输千禧一代天生就想要更快地完成所有事情，觉得付费对话就如同学外语一样麻烦的观点。这类文章中的建议看上去像是揭示千禧一代对工作的要求和渴求的机会，而事实上，这类建议适用于所有年龄段的人。例如，《福布斯》在其文章《激励千禧一代的 7 种令人惊讶的方式》中提到的"解释公司意愿、提供教育培训机会、职业发展规划"等激励方式并不只适用于千禧一代。

2. **其次，有害且不真实**。这类文章在几乎没有任何实证的情况下对某些事情做出断言。例如，《福布斯》的文章断言，"千禧一代是众所周知的工作漏斗，他们不喜欢官僚主义，不信任传统的等级制度"却没有提供任何证据来支持这一说法。即使有些文献有调研基础，但是这些小的调研项目并不能代表整体，更不能成为代际差异存在的有力证据。例如，《每日邮报》的一篇文章将千禧一代描述为"浪费的一代""懒惰的和自私的一代"。这种调研类似于民意调研，以及并没有大量实证数据支持的科学研究。

总体来说，第一类错误信息的危害相对较小，但也有可能使人们形成对千禧一代的刻板印象，并导致同事之间的误解和疏远，导致公司利用这些信息进行激励的效果适得其反。第二类错误信息的危害较大，极有可能引导管理者做出糟糕的决策。

那么，为什么代际差异的吸引力经久不衰？因为人们在潜意识中希望代际差异存在，如此，管理决策将变得更简单。如果某一个群体具有某些相同的属性，那么公司便可以对这类员工采用相同的管理方法。但仅根据年龄了解某个群体是不可能的。

公司基于刻板印象制定的管理手册并不常见，但是千禧一代是个例外。甚至许多书籍和文章都推荐管理者和人力资源部门基于千禧一代的特征制定相应的政策与制度。令人惊讶的是，人们知道刻板印象不合理。例如，人们很难接受类似于"金发美女的商业思维"等这样的说法，但是对千禧一代的刻板印象却习以为常。本书将讨论相关的法律后果，并探讨什么情况下对千禧一代的刻板印象可能意味着歧视。

案例研究

下面介绍一个有关"一代人"的案例。

最近几个月来，一群年轻人因缺少住房而抗议。他们对缺乏住房、几乎没有工作机会、不确定的前景感到沮丧。其中，有很多人失业并正在寻找工作，有些是学生。这群人一直在努力适应这座城市的独立生活，有些人不得不搬回家和父母住在一起，即使他们不得不睡在沙发上。

他们大声抗议并举行示威游行，试图游说政府寻求解决住房危机的办法。他们中的一群人希望把一个废弃的旅馆变成临时住所。经过几个月的游说和谈判后，毫无成效，各级政府和旅馆老板也因此陷入没完没了、毫无结果的谈判中。

一月的某一天，下着大雪，35个年轻人强行占领了旅馆，并且拉起了一条几米高的横幅，横幅上写着"终于行动了，房间为你而留。来吧，拥有它们吧"。那天晚上，他们在旅馆的舞厅举行了一场派对，庆祝他们为同龄人提供了住宿。第二天，有700人登记住在被占领的旅馆里。

在毫无其他背景资料的情况下，请你思考一下对这个群体的看法。他们是勇敢的行动者还是有资格拥有住房的乞丐？他们的行为揭示了当前时代的特点吗？他们的行为能代表他们这一代人吗？

这是"二战"时期发生在温哥华的一个真实故事。故事的主角是一群老兵。他们从欧洲战场回到加拿大后根本没有住房。参与战争的老兵还在陆陆续续返回家乡，面临毫无容身之所的下场。政府曾经答应给退伍军人提供食宿，却迟迟未能兑现承诺。

再看看后来发生的一次占领运动。2011 年在伦敦，一群人占领了瑞士联合银行（UBS）的一栋废弃建筑物。两件事发生在不同的国家，时隔 65 年，但是两群年轻人的行动却惊人地相似。有意思的是，公众对这两件事的反应截然不同。占领运动后来经常被用来讽刺千禧一代。

1946 年，当退伍军人占领温哥华的饭店时，公众大多表达了同情，政客们很快也加入了进来。当地议员甚至公开声明：你们的做法是正确的，你们一直等到所有努力都失败了，才争取机会搬进了旅馆。

1946 年发生的这件事确实有着特殊的背景。但毋庸置疑，有关任何一代人的刻板印象，或者基于某个故事对某个群体和个人做出界定和假设本身就是错误的。人们在工作中经常犯类似的错误，因而导致错误的招聘、发展、挽留和激励员工。假定公司中的所有人都有特定的政治信仰、个人价值观和动机本身就是一个错误的假设。

代际差异理论

最著名的代际分类理论源自施特劳斯（Strauss）和豪（Howe）的著作《代际：美国未来的历史》（Generation：The History of America's Future）。这本书追溯了几百年来美国社会的代际趋势和显著特征，指出了每一代人的某些特定的条件将自然而然地对连续几代人产生影响。代际变化反映了组织和个人权力之间的持续紧张关系。施特劳斯 - 豪模型被认为是一个跨越世纪的大周期，每个周期又分成四个子周期。

他们试图通过这些周期预测下一代人的某些特征。这些言论就像大多数预言一样，因为模糊，所以令人信服；因为简单，所以令人难以忘却；因为乐观，所以具有足够的吸引力。甚至，在某个时期，可能会出现确切的事件能够佐证他们的预言。但是，这类预言在描述任何一个个体时都显得特别苍白无力。换句话说，这仅仅是对历史趋势的描述而已，并不能代表特定个体和群体。

当然，并非所有的刻板印象都是消极的。例如，卡罗尔（Carroll）和拓伯（Tober）在《靛蓝色的孩子们》（*The Indigo Children*）一书中将下一代描述成"永远的救世主"。这类描述听起来是乐观的，但是错误在于这样的过度概括并不准确。

对开发人的潜能感兴趣的朋友必须考虑刻板印象的价值。首先要思考的问题是，这类描述传递了关于特定群体的什么信息？施特劳斯-豪模型实际上是对美国文化态度和权力结构的一种描述。对于着眼于研究长期趋势的历史学家和政治学家来说，这是一个有趣的课题，但是它无法解释人类的个体差异。也就是说，这一理论并不能解释个人的表现、潜能和偏好。

所有特定的刻板印象都针对某个群体，问题的关键在于代际差异的讨论对个体的适用性。类似于"最伟大的一代"或"婴儿潮一代"可以很好地概括出那段时间在美国长大的人的文化态度。最伟大的一代经历了历史上最严重的经济衰退，并在"二战"中持续战斗。婴儿潮一代是"二战"后出现的人口膨胀的简称。这是一个明显的人口趋势，意味着经济的繁荣及儿童数量的递增。

许多商业评论员和作家都试图解释职场上的一般性差异。豪和施特劳斯在他们的著作《千禧一代崛起：伟大的下一代》（*In Millennials*

Rising:The next great generation）中指出，"千禧一代与我们记忆中的任何其他年轻一代都不一样，在未来十年，千禧一代将彻底重塑年轻人的形象，从消沉、疏离到乐观、投入"。十年后的今天，这种成见几乎没有改变。大众媒体的报道将千禧一代称为"焦虑的一代"，并称这一代人喜欢简化、令人困惑的网络词汇，习惯于靠网络维持生活，甚至已经没有线下社交的能力。

代际差异理论的局限性在于，根据一个人的出生年份得出的特征结论是没有意义的。下面是关于一个申请 CEO 职位的人的五种特征。哪些特征能够代表这个人拥有积极的潜能？其中哪个最有代表性？

- 高智商
- 面试时说谎
- 情绪状态
- 1959 年生
- 毕业于顶级大学

这些因素从最有效到最无效的排序如下。

- 高智商
- 情绪状态
- 面试时说谎
- 毕业于顶级大学
- 1959 年生

事实上，出生日期是最无效的。可见，有关一代人的刻板印象不仅对工作毫无用处，甚至有可能会起到误导的作用。

代沟神话

针对代际差异，我们面临的挑战是弄清什么因素是由年龄引起的，什么因素可能真的导致代际差异。一些学者对代际差异研究进行了汇总，指出代际差异并没有得到科学实证。他们提出了 6 个值得思考的关键问题。

1. **定义较少或定义不一致**。不同的研究者、不同的出版物使用不同的年龄范围或时段来划分代际。以千禧一代（指出生于 20 世纪时未成年，在跨入 21 世纪以后达到成年年龄的一代人）为例，不同学者对千禧一代的年龄的界定是不一样的。

2. **年龄效应**。研究者需要同时考虑年龄和出生日期。许多研究指出，年龄差异是代际差异的根源，但未能提供实证。因为证实这一点很困难。

3. **一代人的经历**。一代人的经历并不代表个人经历。同一代人中，并不是所有人都会直接参与某项活动，有些人甚至会排斥这类活动。舒曼和斯科特发现，当被问及第二次世界大战等 50 多年来发生的事件时，美国人会记住很多相同的事件，但是他们的记忆往往是无用的、肤浅的，除非他们亲身经历了这些事件。

4. **民族文化**。很多研究都具有民族偏见。大多数研究都是基于美国几代人得出结论（如施特劳斯和豪的理论）的，但是显然，有些事件具有世界性的影响，而民族和文化差异是不可忽视的。

5. **市场影响**。市场对代际差异的影响也是显而易见的。广告主通过代际模型吸引目标客户，许多流行的文章都将代际刻板印象当作定位工具。例如，涉及管理千禧一代这样的话题的出版物的目标客户可能是年纪较大的读者。

6. **发育差异**。发育差异也可能影响研究结果。因为年轻人（十几岁至二十岁出头）之间存在诸多心理差异，这些差异有明确的生物学和心理学原因。

在比较年轻人和老年人时，发育差异尤为重要。因为人类的大脑直到 25 岁时才会发育完全。大脑发育最晚的一部分是前额皮质，这一区域负责管理"期望"这一功能，如长期规划、情绪调节和冲动控制。在大部分情况下，青少年更擅长冒险，做事更冲动。这些特性不仅与文化和环境相关，同时也与大脑未能完全发育有关。

上述研究有助于解释为什么下一代或年轻一代总是被贴上"不负责任"或"自恋"的标签。企业在雇用 16 岁、18 岁、23 岁的新员工时，都应该意识到这些年轻人的大脑仍然在发育期。虽然发育速度各有不同，但是大脑的发育会持续到 25 岁左右。总体来说，和成年人共事以及与年轻人共事确实有很大的不同。我们在后文中将介绍来自不同时代的两位教师的动机案例，并为如何激励年轻人提供实际的建议。有趣的是，虽然他们处于不同的时代，但动机却非常相似。

当然，也有例外。例如，有些人特别早熟，而另一些人似乎从未长大。不同的人发育的速度各不相同。一般人的大脑在 25 岁左右发育完全，但无论是在心理层面还是生理层面，有些人的发育速度都比别人要快得多。

心理学家用"成熟"这个概念来描述个体的心理发育程度。成熟指一类个体的发展总是倾向于按照社会所期望的方面发展。这类倾向于按照社会欢迎的方向发展的个体在工作中是非常有价值的。因为，随着年龄的增长，人们往往会变得更努力、更有动力，并提高面对压力的能力。如果个体的发育速度比常人要快，其在年轻群体中就会具有一定的影响力，而且这种趋势会在他们的整个生命周期中持续下去。

在工作中培养人才是改进工作绩效的重要机会。我们将讨论激励和发育的一些最佳实践并将通过一个案例来说明应该如何正确对待年轻员工，并使他们对公司保持长期忠诚度。

年轻员工具有无限的潜力，因此公司不应该将雇用年轻人视作一种负担。

老员工

虽然关于代际差异的讨论大多围绕年轻一代和新员工展开，但年长的员工也可能面临一系列不同的偏见。在一项面向 20 多万参与者的调研分析中，有学者提出了有关年长员工的 6 种刻板印象，如下所示。

1. **缺乏动力。**一些人认为年纪大的人缺乏工作的动力，他们的职业生涯已经接近尾声，因此，不像年轻人那样有抱负，因而使一些老员工没有了工作的激情。

2. **获得培训和发展的机会更少，参与率更低。**如果那些受过培训的专家、经验丰富的专业人士、职业生涯较长的熟练工即将退休，那么他们从培训中获得的收益将较少。因此，与年轻的同事比，他们获得培训和发展的机会更少。

3. **不太愿意也没有能力改变。**类似的刻板印象认为老员工固守自己的思维方式，对学习新的方法、新的技术不感兴趣，适应力也较差。

4. **缺乏信任。**另一种刻板印象认为年纪较大的员工对同事的信任度较低，因此也更孤独，从而导致他们的人际交往能力较差。

5. **健康状况较差。**这里的假设前提是，年龄的增长必定伴随着健康问题。年龄较大的员工往往因为"健康问题"被拒绝，而实际上，这些员工可能根本不存在健康问题。同时，年长员工在职位选择过程中的生理和心理状况也常常被忽视。

6. **更容易出现工作和家庭的不平衡情况。**有人认为，与年轻员工不同，年长者需要更多的时间来处理家庭琐事，而年轻员工对家庭生活的需求更少。因此，年长者可能更适合待在家里或参加社区活动，而不是工作。

他们的研究显示，对于前两种刻板印象的评价好坏参半。有些年长员工表示，他们的学习动机和参与培训的动机确实比较弱。但是类似的预测仍然有适度的范围，并不符合所有年长的员工。

对于第三种刻板印象，证据显示事实刚好相反。年长员工在工作中更有可能做出改变，因此，年龄与组织变革、风险承担和创新行为等因素无关。

第四种刻板印象更没有证据的支持。年龄与人际信任、人际冲突、信任同事或上司等信任因素无显著相关性。

第五种刻板印象有一定的证据支持。研究表明，年龄较大的员工的血压和胆固醇水平略高，他们的心理健康问题略有增加，但是总的身体健康状况与年轻人相比并没有显著差异。

有些证据也支持了第六种刻板印象，即年长员工和年轻员工的工作与家庭不平衡程度是不同的。但是结论刚好相反。研究表明，年长员工的工作与家庭的冲突相对更少。因此，年龄与工作和家庭的平衡无关。

具有讽刺意味的是，歧视确实以不同的方式存在，而且会代代相传。詹姆士等人证实，针对年长员工的歧视毫无意义，但却真实存在，而歧视明显使这些员工的实际工作投入度降低了。管理者若要想调动全体员工的积极性，最大限度地使不同的人发挥各自的优势和作用，就必须放弃基于年龄的代际差异的假设和观念。

追根溯源

对年轻一代的刻板印象其实是一个老生常谈的话题，可以追溯到几百年前。

有些代际差异的陈述比较模糊，因此容易令人相信。请思考用以下属性描述千禧一代是否准确？

- 能够理解和接纳他人的情绪和感受。
- 头脑中充满了想法，具有创造性思维，经常优柔寡断。
- 不喜欢重复，需要不断被激励。
- 在解决人际冲突方面有困难。
- 喜欢社交活动，喜欢和别人在一起。
- 并不会将想法付诸实践的空想家。
- 纠缠于各种关系，害怕做出承诺。

以上特征是根据双鱼座星象的形容词改编而成的，看起来却像千禧一代的共同特征。大量证据表明，所谓的代际差异并不比星座特征高明多少。

相应的历史出版物和文学作品也描述了类似的刻板印象。在 1880 年出版的《卡拉玛佐夫兄弟》（*The Brothers Karamazov*）一书中，陀思妥耶夫斯基指出，"年幼的孩子们喜欢和同龄人大声谈论一些连士兵有时也不愿意谈论的事情、图片和图像""更重要的是，很多年幼的儿童非常熟悉一些需要更高的智力才能掌握的知识和概念，而士兵甚至从未听过这样的概念"。遗憾的是，陀思妥耶夫斯基没有详细描述 19 世纪晚期俄罗斯士兵难以形容的某些具体事物。可见，年轻人一直具备震撼老一辈的能力。

1906 年，心理学家格兰威尔·斯坦利·霍尔（Granville Stanley

Hall）说：

> 青年人从来没有像现在这样面临堕落和被捕的危险。日益增加的城市生活的诱惑，早熟，久坐不动的职业，更早地寻求自由与解放，对责任感和自律的忽视，过早了解不动产的所有权问题，突如其来的财富，不计后果地镀金与追求时尚都在呼唤新的规则的诞生。在这片仍然保守的土地上，维护旧的秩序显得苍白无力。

上述情况是第一次世界大战后，人们对青年一代的认知。

有趣的是，1859 年《科学美国人》（*Scientific American*）杂志上的一篇文章写道：

> 下棋的激情——一种对人们有害的情绪，已经蔓延到全国各地。许多城市和乡村都成立了下棋俱乐部。下棋只不过是一种低级消遣，它使人们浪费宝贵的时光，而这些时间本可以用来学习更有用的知识或者做对身体更有益的事情。国际象棋作为一种训练思维的游戏，已经获得了很高的赞誉，但久坐不动的员工不应该再花时间玩这种沉闷的游戏，他们应该走出去，参与户外运动，而不是玩这种简单的智力游戏。

当下，我们对年轻一代玩电子游戏的担忧与上述担忧非常相似。

关于代际差异和对年轻一代的担忧的话题真的并不新鲜。这种担忧的内容与当时所处的时代背景息息相关。

时代背景与环境

2007 年，豪和施特劳斯提出，每一代人都是由当代事件和环境塑造的。他们指出，历史事件和情绪能够塑造一代人的生活方式，而这些事件和情绪对人们的影响非常不同，这取决于他们处于什么样的人生阶段。这种说法是正确的，也就是说，人们的经历塑造了他们。

当然，人们可以通过共同的文化和历史经历来塑造自己。但是，如何才能形成共同的体验呢？在白金汉郡长大的孩子、在巴恩斯利长大的孩子，以及在巴特西长大的孩子会有共同的文化背景吗？上过最好的学校的学生与上过最差的学校的学生有共同的经历吗？那些在从事农业、军事、矿业或在政治家家庭长大的孩子呢，他们有共同的经历吗？在 1946 年婴儿潮一代出生的男性和女性有着相同的经历、机会和共同的文化体验吗？为什么年龄相仿，就读于同一所学校，学习相同科目，职业轨迹相似的政客最终却因不同的政治信仰而分道扬镳？尽管年龄相仿，但是玛格丽特·撒切尔（Margaret Thatcher）夫人和阿瑟·丘吉尔（Arthur Scargirr）是由共同的文化经历塑造的吗？

结论是显而易见的。关于代际差异的理论没有得到任何科学实证的支持。有学者对 600 篇文章进行了辩证分析（其中包括 329 篇科学研究论文）。研究表明，没有任何有力的证据支持代际差异真实存在。他们得出的结论是，代际差异和工作成果之间几乎没有关系。另一项针对 3 535 名经理和专业人士的调研分析也得出了类似的结论：在实际工作中，代际差异几乎可以忽略不计。在对代际差异的文献进行分析和回顾的过程中，有学者发现了代际之间存在更多的相似之处，而不是差异。最近的一项研究表明，几乎没有确凿的证据能说明代际差异存在，甚至几乎没有理论能够说明为什么这种差异应该存在。

同一代人之间的差异远远大于代际之间的差异。有意思的是，即使人们认识到同一代人中存在个体差异性，也能将这种差异牵强地附会成对年轻一代不利的证据。《大西洋月刊》（*Atlantic*）最近发表的一篇题为《千禧一代的政治观点毫无意义》（*Millennials' Political views don't make any sense*）的文章指出，这一代人的观点完全矛盾。例如，美国千禧一代最不喜欢单亲父母，但是最有可能成为单亲父母。

代际差异的刻板印象意味着一个多元化的群体硬生生被期望呈现出一套像政治人物那样坚定的、一致的信仰和特征。理性的人应该看到，不同的人对同一件事情的看法也可能是不同的。例如，《大西洋月刊》的文章继续指出，这随着千禧一代的收入增加，他们往往会变得更保守。这仅仅是一种现象，这表明随着环境的改变，人们的价值观也会随之改变，而并不是千禧一代独有的特征。

显而易见的是，理解个体差异在工作中的作用比关注代际差异要有效得多。因此，雇主只需要关注个体差异，知道如何恰当地选择个体和使个体不断进步即可。心理学研究表明，许多因素都与理想的工作结果相关，如健康、缺勤率、工作投入程度、组织承诺、离职倾向、工作努力程度及工作潜力。

从所有与工作相关的维度来看，代际差异仅仅是人们虚构出来的。

代际差异的 HPMI 分值

为了探究代际差异，我们对 1 000 多名参与者的数据进行了关联分析。最初的假设是几代人之间可能有着细微的差异。例如，与前几代人相比，年轻人可能更独立，更能被成就激励，而较少受到工作保障和金钱的激励。但是，研究结果并不支持这些假设。

年龄较大的员工表示，他们受到内在因素的激励较少；年轻一代反而表示，外部因素尤其是金钱激励对他们而言更加重要。图 2-2 和表 2-1 展现了各代人在动机方面的差异。

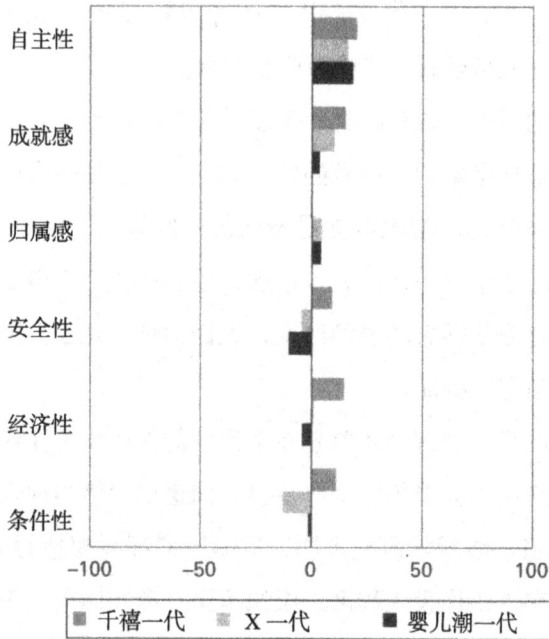

图 2-2　代际差异的动机分值

表 2-1　代际差异的动机分值

动机	千禧一代 （1982—2005 年）	X 一代 （1961—1981 年）	婴儿潮一代 （1943—1960 年）
自主性	20.2	16.2	18.4
成就感	15.1	10.1	3.5
归属感	−0.5	4.5	4.1
安全性	9.2	−4.5	−10.3
经济性	14.8	1.0	−4.2
条件性	11.3	−13.0	−1.1

　　任何差异都有度。三个内在因素在统计上的特征都是不显著的，这意味着随机组间的差异性不大。表面上看，千禧一代确实更容易受到安全、薪酬和工作条件等外部因素的激励，但是进一步的研究表明，同一时期，

X 一代和婴儿潮一代的收入水平是千禧一代的两倍多。当我们将薪酬水平纳入分析范畴时，收入水平消除了所有显著的代际差异。由于收入差异占经济性这一因素的 35%，可以说，年龄并不是经济性这一激励因素的显著因子。结论显而易见，收入水平解释了两代人在外部动机上的适度差异，但这并不是真正的代际差异，而仅仅是环境的产物。

本书将探讨上述现象的原因，并探讨收入水平对激励的影响。挣得较少的人更看重钱，每一代人都符合这一特性。无论是年轻人还是年长者，工资较低的人都表示，收入对他们而言是更重要的影响因素。

小结

本章旨在讨论人们对工作场所中的代际差异的误解。证据清楚地表明，代际差异基本上是不存在的，特定的一代人的内部差异往往大于所谓的代际差异。

在前文中，我们提到了动机测试没有正确答案，也没有好或坏，人们只是被不同的事情所累而已。而我们在解释激励因素时，也不能因此将几代人一概而论。理解个体差异是纠正对一个群体的刻板印象的强大工具。管理者需要注意到，基于刻板印象的管理可能适得其反。管理者需要正确理解动机和激励，而不能将特定的动机简单理解为是好的或坏的。虽然有些动机（如自主性）是值得鼓励的，但是从本质上来说，在工作中能够被金钱激励也并非坏事。在某些情况下，虽然金钱激励是糟糕的手段，但是并不意味着金钱激励总是错误的。本章再次证实了本书最初提出的如下两个观点。

1. **人们可以变得更好**。关于工作中的动机的最大问题是人们的动机和他们从工作中得到的东西的差异。改善个体绩效需要用有针对性的方法，改善绩效的重要途径就是找到这些差距，并找到改善这些差距的方法。

2. **人们可以将工作做得更好。** 在改善工作环境的同时，并没有一种简单的、行之有效的统一方法可以提高利润、提高劳动生产率。单一的、标准化的方法并不总是可行的，但是合适的制度和机制可以使员工将工作做得更好。

本书还将讨论动机差距的问题。对于哪种类型的动机最好这一问题，心理学家的回答是——"视情况而定"。当然，本书将提供的是一个更清晰的、基于经验法则的答案。

Motivation And Performance

A Guide To Motivating A Diverse Workforce

第 3 章

压力的生物学原理

导论

心理学研究不仅关注大脑，而且与物理学和生物学有一定的联系。压力不仅仅是抽象的概念，它有着真实的生物学基础。人的大脑中有释放压力激素的器官，这种激素会引发各种各样的生理反应。可以说，压力是与生俱来的。

许多公司会为员工提供健康保险，有些公司甚至有专业的医生。但是，关注员工的压力问题和心理健康状况的公司却少得多。事实上，心理健康的员工工作效率更高，公司关注员工的心理健康状况能大幅节省成本。据统计，在 2009—2010 年，英国因心理健康问题损耗的社会成本达 1 050 亿英镑，其中北爱尔兰为 30 亿英镑，威尔士为 70 亿英镑，苏格兰为 90 亿英镑。此外，欧洲大约有 17% 的劳动者患有轻度或重度抑郁症。遗憾的是，英国政府由于在预算方面已经不堪重负因此无法解决这一问题。

2000 年，欧洲工作安全与健康机构的调查表明，28% 的员工由于工作压力而出现健康问题。英国咨询调解与仲裁局（ACAS）公布的数据也表明，员工在工作场所中产生的精神疾病问题导致的经济损失约为 300 亿英镑，其中 84 亿英镑来自缺勤成本，151 亿英镑来自生产率下降的成本，还有 24 亿来自因精神疾病而离职的员工的替代成本。

本书不探讨有关政府和社会的政策，虽然在缓解压力和精神疾病方面，政府的支持和服务发挥着重要作用。本书探讨如何使员工发挥最大作用。人们平均会花费日常生活中三分之一的时间在工作上，所以，员工的心理健康是非常值得关注的。现实生活中，因为心理健康等种种问题，许多人的潜能并未完全得到开发。而忽视心理健康问题给个人和组织带来的损失是巨大的，甚至，目前的损失要比以往大得多。最近欧洲的一项研究表明，抑郁症造成的损失每年达 6 170 亿欧元，与旷工和出勤率相关的成本达 2 720 亿欧元，与生产效率降低相关的成本达 2 420 亿欧元。相比之下，欧盟的国内生产总值仅为 14.3 万亿欧元。也就是说，与抑郁症相关的损耗成本达到了欧盟国内生产总值的近 4%。瑞士的一项研究表明，工作压力使瑞士的 GDP 下降了 1.2%。

换一种角度来说，企业很有可能能够通过关注健康问题来节省成本。在欧洲，79% 的管理者对工作中的压力表示担忧，而欧洲仅有 30% 的组织有应对工作压力、骚扰和暴力的政策与程序。英国一家大型能源供应商开发了员工援助计划，为员工提供心理支持，并为 1 000 多名员工进行了培训辅导，以帮助他们提升心理健康水平和幸福感。他们发现，这个计划每年可为公司节省 22.8 万英镑的成本，员工的工作满意度也从 38% 提高到了 68%。

全世界的问题都是相似的。最近的研究表明，在大多伦多地区，有一半的员工在职业生涯中都出现过心理健康问题。另一项相关研究表明，在未来 10 年，仅该地区的精神治疗问题就可能带来 170 亿美元的损失。

心理健康和幸福感不仅是存在于大脑中的抽象事物，它们与我们的身体和生物化学反应息息相关。管理者可以通过了解工作环境、共事伙伴、工作的需求对心理压力和心理健康问题的影响，进而了解这些因素对身体的作用机制具有重要的意义。本章对压力的生理学基础进行了探讨。

谈及压力这一主题，本书的立足点在于情况是可以改善的。虽然有些事情看起来让人沮丧，但是无论如何，关注健康问题也可以被视作降低企业成本的机会。雇主应该通过采取实际措施去改善员工的精神健康，这不仅仅是关于员工的健康，同样也是关于组织劳动生产率和组织盈利的课题。我们将持续对一个雇主的案例进行研究，他们拥有一套连贯的、全面的政策，以改善福利、减轻员工在工作中的压力。这个案例中的具体实践可供读者领悟和参考，相应的政策和实践无论在短期还是长期都有利于提升员工的幸福感。

本章将重点讨论员工在工作中产生压力的生物学原理。第6章将重点讲解激励和幸福感，第7章将探讨乐观的人生态度对人们的积极影响，并与工作投入、压力、倦怠等消极因素的影响进行对比。第8章将讨论工作以外的激励因素和压力、幸福感之间的关系。第9章将重点介绍组织文化等系统性因素如何影响员工的积极性和幸福感。

工作压力

现在，员工在工作中承受的压力比以往任何时候都大，这几乎是一个共识。但若单从环境等表面现象来看，如果将今天灯光昏暗的办公室和大街上灯火通明的店铺与维多利亚时代的劳动救济所相比，你很难肯定地说现代人的压力更大。现代人最大的压力主要来自心理健康方面，因此，如今有关压力的定义更多源于人们的心理。据统计，1995—1996年和2014—2015年，在英国工作场所死亡的人数已经减半。自《健康与安全工作法案》颁布以来，英国在工作场所的致命伤害率已经降至1974年的六分之一。来自美国的研究表明，20世纪，工伤率下降了90%，而劳动力的规模则翻了一番。相反，自20世纪70年代以来，人们在工作中感受到的压力却翻了一番。

每种职业及每个人都有自己的压力源，没有人可以幸免。没有一种职业是没有压力的，一些薪水更高、权力更高的人似乎承受的压力也更大。律师、心理学家、健身教练、制药师等都因为承受巨大的压力而挣得盆满钵满。现在，承受着巨大压力的职业甚至有了独树一帜的标签，被戏称为"压力行业"。

在当下激烈的竞争环境中，越来越大的压力令人担忧。压力往往与个人的奋斗和努力程度有关，因此，经常有人讨论"学生、专业人士和领导者，究竟谁的压力更大"。为目标而奋斗的人往往被认为是勇敢的或有野心的，而压力的大小与个人付出努力的程度往往成正比。学生的压力来源于考试，客服人员和咨询顾问的压力来源于客户，而客户则认为他们的压力源自咨询顾问。

或许可以说，如果你没有感受到压力，那是因为你不够努力。尤其是在英国，谦虚被看作一种美德。在一些国家的文化中，抱怨压力往往被当作低调的吹嘘。与其谈论一个人多快乐、多投入、多努力，还不如抱怨一声"压力好大"。说自己有压力意味着个人在含蓄地吹嘘自己的受欢迎程度、自己的工作量和雄心壮志等。

追溯至 100 年前，有很多证据可以表明，现在的工作不再像以前那么危险了。办公室越来越舒适，越来越多的人远离体力劳动，就业立法越来越有利于员工。歧视、欺凌和骚扰的行为不仅是非法的，而且在大多数工作场合也会被及时制止。工作具有安全性，工作条件也在持续得到改善。享有病假、产假、陪产假、带薪休假都已经成为法定权利。就业立法一直在得到完善，虽然如此，但是法律对员工的保护程度仍然有限。

还有一个有趣且有争议的问题值得讨论，那就是背景。个人的社会经济地位、性别、年龄等背景差异对工作经历有很大的影响。越来越多的女性走上工作岗位。2013 年，英国有 67% 的 16~64 岁的女性就业人员，男性的就业率为 76%。调研结果表明，有关工作压力的抱怨更多来自女性，她们抱怨在生活和工作之间疲于奔命，受到个中不言而喻的歧视，甚至虽然与男性付出了同样多但是却存在 14% 的性别薪酬差异。本书第 9 章将探讨性别差异与职业差异。而这里需要指出的是，任何类型的歧视都可能削弱被歧视者的工作动力，甚至同时削弱那些拥有不公平优势的员工的工作动力，这些人可能觉得自己不应该获得别人没有得到的晋升和奖励。

欧盟委员会 2013 年的一份报告显示，超过 42% 的女性从事兼职工作，只有 11.5% 的男性从事兼职工作。在从事教学、培训、教育和科学工作的人员中，女性占四分之三以上（76%），而从事制造、工程和建筑工作的人员中，女性仅占 19%。在英国，监事会中女性仅占 16%，管理职位中女性仅占 34%。在金融行业，女性的平均收入比一般女性的平均收入多三分之一，而男性的平均收入则比女性的平均收入多两倍以上。背景、教育和其他许多因素使问题变得更加复杂，而将性别薪酬差距缩小到公平水平不仅可能提升女性的积极性，还可能提高劳动力参与率，扩大可用的人才库范围。

当然，人们产生压力的原因是复杂的，我们甚至很难找出具体的根源。长期以来，人们的收入水平一直在上升，工作条件一直在改善，但是人们的压力却越来越大。这是为什么呢？压力从何而来？是因为有些人比其他人对压力更敏感吗？还是有些工作和行业本身的压力就比较大？答案是，内外部的因素都可能导致个体产生压力。

内部因素

有些人比其他人更容易感受到压力，充满担忧，而不论这种担忧是否合理。有些人总是担心自己的工作能力不够强，有些人担心工作中的人际关系，有些人在完成特定工作时感受到压力，有些人在职业发展停滞时感受到压力。压力也不总是固定不变的，随着技能水平和能力的提高，知识和经验的积累，人们感受到的压力的种类和程度也会发生改变。

几乎没有人怀疑不同的个体对压力的反应存在着显著的、可测评的差异，而且这些差异对工作有着深远的影响。有些人经历每件事都会感受到压力，而有些人几乎不会有任何压力，大多数人都处于这二者之间。

个体对压力的适应度和敏感度似乎是与生俱来的，难以改变。但是不管怎样，当感受到压力时，人们可以选择健康或不健康的、积极的或消极的应对方式。健康的应对方式包括适度地进行体育锻炼，加入互助小组，改善时间观念等。不健康的应对方式通常是放弃应对压力。例如，服用药物，或者增加这些药物或酒的使用量，而酒精中毒和情绪爆发通常会使情况变得更加糟糕。幸运的是，虽然个体的性格和能力是相对稳定的，但是应对压力的方式是可以改变的。

外部因素

每个人都有自己独特的压力因素清单。几乎任何一种外部因素都可以成为压力的来源。

虽然压力可能来自外部，但是正确地对压力进行归因却异常重要，将压力归因为外部因素的方式要谨慎使用。对压力进行外部归因有一定的作用，但是，如果个体形成外部归因习惯而放弃控制自己的情绪，很可能导致缓解压力的效果适得其反。因此，我们需要结合外部归因和内部归因来思考压力源的问题。

我们也不应该仅仅将压力看作一种需要及时被消除的负面情绪。事实上，适当的、必要的、可控的压力反而是有益的，只有当压力没有必要或不可控时，压力才可能引发心理问题和生理问题。

压力的生物学原理

压力是生活的一部分，是一种本能的生理反应，也是心理学家所说的"普遍适应综合征"的一部分。感到有压力意味着人们需要对即将面临的挑战做准备。不同的压力对人们的影响不同，而不同的压力源会使人们对压力产生不同的感受。

- **压力源**。压力源是指有问题的、有挑战性的、困难的或人们不期望发生的事情或情况。有些是心理压力源，如业绩评估、电子邮件、人际冲突等；有些是身体压力源，如高温或低温、健康问题、疼痛感等。压力源并不是客观意义上的压力，也就是说，不同的人对不同事件的威胁性的感知程度是不同的。例如，当有些人因即将到来的项目截止日感到紧张和焦虑时，有些人则往往会泰然自若。

- **压力**。压力是身体对压力源的反应。当感受到压力时，我们的身体会释放大量的激素，大脑会做出"战斗或者逃跑"的反应。例如，当动物看到捕食者时，它们的大脑会将身体从静止状态拉出来，并刺激其身体做出反应。

这就是压力会引发强烈的生理反应的原因。受到惊吓的人会跳起来，压力大的员工可能会做出紧张地抽搐等行为，如敲笔、摆弄头发、频繁地查看手机、冲动地大喊大叫等。在遇到威胁的情况下，感到有压力是正常的和健康的反应，这表示人们的身体和意识都在准备着应对威胁，并以动物的本能反应寻求生存之道。

压力会对个体的生理和心理造成影响。压力激素会使个体的身体进入短期的激活状态。此时的心脏会跳得更快，脾脏收缩，血液内的红细胞会增多，从而使血液活动中携带的氧气量增加。身体可能会出汗，以排除体内由于新陈代谢加快而产生的毒素。肝脏开始将葡萄糖转化为肌肉所需要的能量。肠道蠕动速度开始减缓，尿液被保存以留存身体所需的水分。也就是说，压力会使身体处于高度紧张状态。

压力对身体的影响是显著的。压力反应会导致钠滞留在个体体内，进而使更多的水进入血液，导致人体血压升高。糖皮质激素则可能导致蛋白质和脂肪分解，产生葡萄糖为身体提供能量，导致血压进一步升高，从而减少相应的炎症反应，这类反应也许能保护身体免受疾病侵扰。压力从本质上来说需要个体在身体上做出妥协，这意味着个体要立即启动身体的全部机能来承受压力。一旦压力源消失，压力就会消退。

无论是动物世界中饥饿的狮子还是职场中的人，身体对压力的反应机制都是一样的。战斗或者逃跑是身体对压力的反应。有些人因为截止日期或演示文稿的压力而选择拖延（逃），而大多数人都知道拖延并不能缓解压力，反而会因此引发各类隐隐约约的负罪感、焦虑感和忧虑感；有些人遇到压力时可能会猛烈抨击、生气或大喊大叫（战）。这两种反应都是压力的本能反应，但是它们对消除压力的作用收效甚微。

压力的影响可能是轻微的也可能是严重的。

1. **轻微的健康并发症**。从长期来看，压力可能会使个体的血压升高，消耗身体的能量，抑制身体的炎症反应，从而导致身体出现健康问题。这就解释了为什么经常感到有压力的人容易生病。

2. **细胞和 DNA 损伤**。长时间承受巨大压力可能会损害个体的细胞和 DNA。而对 DNA 的破坏可能会威胁人们的生命。

3. **创伤后应激障碍（PTSD）**。创伤后应激障碍在承受着极端压力的军人身上最常见，它是压力的潜在破坏性影响的极端现象。这类伤害并不是由普通的办公事务引起的，例如得到了不符合期望的奖赏或礼物等。创伤后应激障碍是一种心理障碍，往往在个体面临可能危及生命的压力状况下，类似的情况在战争中最常见，在其他任何地方也可能发生，由于患有这种心理障碍的个体所承受的压力是如此巨大，以至于即使压力源被消除，个体也难以恢复正常。

4. **死亡**。长期存在的压力是致命的。这类压力往往不同于大多数工作中可能遇到的日常烦恼（例如，和同事拌嘴，或者没有得到上司的认可等）。这类压力往往是长期存在的，例如过度的工作导致器官脱水、身体功能受损等。当下，大部分经济体都已经制定合理的劳动标准，因此工作致死的情况并不常见，但是员工承受过度压力的情况却屡见不鲜。

尽管如此，有压力并不完全是坏事。长时间承受压力是不可取的，但是皮质醇等应激激素的唤醒也并非是完全消极的。需要注意的是，我们不能断言"压力使人们释放的都是有毒的化学物质"，也不能武断地说"压力会使人们变老"。我们应该将压力视作身体的警示系统，以及解决问题的潜在机会，只要能找出压力源，便有可能解决问题。

压力与压力源

每个人都有自己的最佳压力值，这个值因人而异。成功的企业家可能会更频繁地感受到压力，其压力来源也更广泛，例如企业的财务状况、客户动态、营销计划、长期和短期的愿景、员工状态、竞争对手的情况以及其他一切可能发生的事情等。他们把很多事情当作威胁，并在处理这些事情的过程中注意力高度集中。但是，他们不仅仅是忧虑者，更是行动者。他们会根据压力源采取行动，通过识别问题来解决问题。许多企业家都或多或少为某些事情感到焦虑和忧虑，但是他们的成功之处在于将压力视作识别问题、解决问题、克服困难的机会。

因此，缓解压力的方案同样重要。如果问题能够得到解决，则潜在的压力可能会转化成解决问题的动力。经验表明，在管理员工或自己的压力时，管理者可以思考以下 2 个问题。

1. 压力源是否具有威胁性，压力源是否真的会带来压力？
2. 这个问题是个人可以解决的吗？

考虑了上述两个问题之后，以下 3 个步骤有助于我们缓解压力，并可能有助于改善绩效。

1. **识别压力源**。关注自己的身体和行为中的压力信号。例如，紧张的肌肉、消极的想法及其他潜在的信号。如果我们无法找到压力的来源，也可以思考造成压力的原因，或者跳转到第二步。例如，企业家因为未完成的 PPT 讲解任务感到焦虑。这类压力源不容忽视。
2. **思考解决方案**。思考问题的解决方案对缓解压力是有效的。即使有些情况无法补救，但是大多数情况下，亡羊补牢犹未为晚。例如，对讲解 PPT 感到焦虑的企业家可以思考具体的演讲步骤，多进行练习，增强自信。
3. **实施**。这是缓解压力时必不可少的环节。不能只做计划不行动，否则，之前付出的所有努力都将白费。

压力可能会引发消极的情绪，而当个体采用适当的、有建设性的方案来解决压力源时，可能会使压力转变成积极的动力。一旦个体尽自己最大的努力解决了工作中遇到的困难和问题，解决了压力源问题，他就会更加自信，工作绩效也会因此得到改善。

表 3-1 对压力的威胁和处理能力进行了分类，如果可能发生的事情并不会对我们构成威胁，也就不会产生压力。但是潜在的压力或令人窒息的压力，可能会导致员工的工作效率降低。

表 3-1　压力、能力和威胁水平

		能力	
		没有	有
威胁	没有	没有压力，也没有能力。压力是其他人的问题和责任	有能力但没有压力。部分典型的专业类工作属于这类，例如会计报税
	有	有压力，没有能力。潜在的威胁是员工没有解决问题的能力，或者这类问题已经超出了他们的能力、经验和学识等范畴，也有可能是超出了他们的权力范畴，例如法学系的学生没有资格提供法律建议等	有压力，也有能力。这类情况往往意味着问题具有挑战性，个体有足够的能力和权力解决这些问题。这种压力往往可以转变成促进个体发展的机会、重要的学习机会。例如，用足够的时间学习某种知识

例如，一个没有处理问题能力的个体的案例。许多在零售店工作的员工有着非常具体的工作职责和有限的解决问题的权力，在没有征得管理层同意的情况下，他们不能承诺为客户退货或退款。不同情况对个体产生的威胁性及使个体面临压力的强度也有所不同。假如客户很生气、赶时间，主管此时又刚好不在，而客户对员工的态度很粗鲁，这就有可能给员工带来压力，因为此时员工没有能力解决这个问题。当然，类似情况也与个体差异有关，有的人可能会感到有压力，有的人可能不会将此事放在心上。

另一种情况是，个体有能力处理其在工作中产生的压力，详见表 3-1。

重新定义压力

毋庸置疑，生理上和心理上的压力都是真实存在的。压力是在经历事件的过程中形成的，而不会无故消失。压力源变成压力过程中的媒介是感知。这就解释了为什么大部分人害怕公开演讲，但并不是每个人都会因此焦虑。

重新定义压力症状有助于缓解压力。兴奋和压力会引发相同的生理反应，例如心跳加速、出汗、血压升高，并伴随身体的变化（如坐直、变得更加警觉等）。这类反应到底是恐惧还是兴奋取决于个体对这种反应的解释。

压力的长期效应

我们在管理并处理工作中的压力时，要思考得更长远一些。因为单单是消除眼前的烦恼可能对工作绩效于事无补，更重要的是确保个体有能力处理其面临的各种压力，这就需要个体对压力进行日常干预。从战略和长远的视角来看，改变工作环境是有效的，举办策略研讨会、励志演讲也可以提高士气。但是，这些措施仅仅是头痛医头、脚痛医脚，效果仍然有限。

研究表明，贫困会对个体的压力产生负面影响。童年时期的贫困将对个体的心理造成危害，主要理由如下所示。

- **心理学视角**。贫困经常与各种各样的挑战相关，包括难以获得必要的医疗和教育资源、生活质量低下等。在贫困的环境中长大的孩子不太可能获得健康的食物，习得健康的行为，适当地进行体育锻炼。这一点并不奇怪，并揭示了心理学效应会引起生物学效应。
- **生物学视角**。长时间承受过度压力是有害的。如果儿童长期处于贫困的环境中，他们的大脑无法良好地发育，下丘脑 - 垂体 - 肾上腺轴（HPA）可能会在早期紊乱。所有个体的童年经历都会影响他们的成长过程，贫困的环境会对儿童正在发育的大脑和身体产生不可逆转的影响。

那么，什么导致了贫穷？贫穷是谁的责任？如何改善工作环境？如何给员工的孩子提供保障？

组织提供的津贴和福利以及薪酬结构、工作保障都可能对员工的家庭产生深远的影响，从而影响儿童的早期成长环境。工作和生活的严重失衡可能会给家庭造成困扰。因此，管理者需要思考如何创造机会使每一种不良影响最小化。

每个人都会面临各式各样的压力。善解人意的主管或专业的 HR 会努力帮助员工减轻这些压力。虽然组织不能解决个人生活中的所有问题，但是却可以为减轻员工的压力提供支持。

以一家大型制造公司为例。该公司正致力于不断寻找新方法，以成为一家让客户和员工感到如家庭般温暖的公司。该公司生产家用产品，并以家文化为中心来打造组织文化。公司设计薪酬福利的宗旨是让员工享有家庭和工作的平衡，提供家庭假期，为准备生育的员工提供生育治疗服务，为所有员工提供度假区和度假房间等。这些政策减少了员工因为工作和家庭失衡而产生的压力，减轻了员工由于过度工作可能导致的倦怠，减少了员工为工作和家庭排序而造成的冲突。

该公司会不定期开展各类家庭活动，推出了孩子陪同工作日等活动，让员工的孩子有机会在公司待上一段时间，并鼓励给员工的孩子提供暑期实习及奖学金等。类似这样的举措使孩子们有机会了解父母的工作，有机会获得超前的职业指导和工作机会，员工的子女变成了公司人才库的一部分。对公司而言，员工的家庭也是公司的重要组成部分，员工可以在工作中谈论自己的家庭。事实上，对于大部分人而言，工作与家庭的平衡都是至关重要的。大家都知道，孩子是让人们瞬间打开话闸的突破口。而在公司内部，经验丰富的 HR 或管理者都有必要去了解员工的家庭状况，例如谁家的孩子学习成绩优异，谁家的孩子正在读大学，或者谁家的孩子正在谋求新的工作等。

如果孩子的学习成绩优异，公司甚至可以提供奖学金或其他可能的机会和奖励。从短期来看，这种做法可能使公司的成本增加；但从长期来看，则将员工的家庭与公司纳入同一个利益联盟，不仅能为公司节省入职培训成本，还能为公司优先找到优秀的人才提供机会。

组织整体绩效的提高、获得长期的成功是多种因素共同发挥作用的结果。支持员工的孩子，让员工的家人参与到工作中来，从表面上看是公司为员工提供的福利，而本质上对公司长远的发展有利。通常情况下，经过深思熟虑的政策，往往是有建设性的并符合公司的价值观和文化导向的，一旦政策得到贯彻执行，其影响也将是深远的。类似这样的福利和制度可能会减轻员工的压力，也许还能提高员工的敬业度。

组织越重视早期开发，则越有可能提供更多机会来激励员工以及他们的家庭，培养开发下一代员工，为公司改善绩效和取得成功提供支持。

批评与建议

正如成功的会计师需要在纳税季节长时间工作、消防员需要健康的体魄一样，每个人都有自己的机遇、挑战和特点。没有任何一家公司能够制定出可以迎合所有人的态度和兴趣的政策，但是优秀的公司会尽可能结合自身的优势和资源为员工提供机会。正如上述案例的成功经验很难在其他行业奏效一样，公司的价值观和文化至关重要。类似的战略和策略的共同点如下所示。

1. **积极的意图**。公司的文化真诚，有改善员工生活的美好愿景，想方设法减轻员工的压力，提高员工的幸福感。
2. **凝聚力**。各种各样的政策相互补充、互相配合。员工基于相同的价值观而凝聚成一个整体，愿意为使命和愿景作出贡献。
3. **实施**。这是最重要的。再好的想法如果不能被付诸实践也是空中楼阁。没有兑现的承诺会导致员工的幻想破灭。在这方面，每个公司再怎么不遗余力地努力都不为过。

4. **公平**。每个人都有公平地获得奖励的机会。

有些人认为家文化并不适合所有公司。例如，拥有家文化公司的很多福利是针对孩子而设计的，但是有些人并不喜欢在工作场合谈论孩子，更不愿意带着家庭成员定期参加聚会。诚然，公司应该基于战略、组织愿景制定政策。再好的公司的成功经验也不可能完全被复制，再好的政策也不可能适合所有人。本章提供的有关如何增强组织凝聚力的案例仅供参考。

小结与注意事项

首先，许多人担心组织心理学、人力资源等相关领域可能由于过分关注解决问题的技巧、目的性太强，从而会压制人们的潜能。这种担忧是错误的、没有必要的。本书提供的实践案例和工具，旨在帮助读者寻找更丰富的激励手段，改善组织和个人的绩效。例如，为员工的子女创造机会并不是陷阱，而是开发和培养人力资源的方法。

我们并不赞同玩世不恭和操控性的干预，这种干预注定会失败，甚至会导致员工离职。干预措施必须是真正有利于员工的、能够满足他们的需要的、符合他们的动机的、双赢或多赢的。因此，企业必须精心设计干预措施。以家庭为中心的文化适合特定的行业和特定的公司，这类公司在发展过程中需要关注员工的工作与家庭之间的平衡。这类制度既符合公司的发展需求、价值观，又能满足员工的需求、激励员工的动机，因此是值得推崇的。但是这类文化并不是万能的，并不适合所有公司。

我们需要把握就业关系的核心和本质：员工为公司工作，实现组织目标；公司激励员工改善绩效，努力成长，实现组织目标。双方只有互相支持，才可能实现双赢。

　　一些相关研究旨在帮助组织改善绩效、提高生产力，但却不鼓励组织控制员工。对工作满意的、更投入的雇员的生产率更高。减轻员工的压力可以降低患病率和旷工率、提高出勤率，能够改善员工的身体健康和组织的健康指数。最聪明、最勤奋、最敬业的员工事实上最有资本离开公司，找到更好的工作机会。因此，这类员工不应该被迫去工作，而必须是主动的、自发的。研究表明，只要员工有工作的动力和激情，哪怕不在办公室办公，他们的绩效也是可观的。

　　任何有关家文化的研究都显示人们不支持裙带关系。工作依赖或家庭关系是一把双刃剑。家文化能够增强组织的凝聚力，但前提是公司的人才管理系统是公平的、完善的。

　　企业在招聘、发展、创造机会等过程中必须关注公平。如果有裙带关系却不合格的员工比那些有能力的员工更受青睐，这种机制将对公司造成不利的影响。不公平的程序，例如基于特权而非能力或绩效获得的工作机会或晋升，可能使人失去动力，也可能让员工将这种不公平看作理所当然，从长期来看，这将影响组织的正常发展。

　　组织战略应该辅以强有力的、有效的政策和制度。亨利·明茨伯格（Henry Mintzberg）建议，公司的发展战略必须是新兴的：一个相对健康的组织，应该有着能持续取得成功的行动模式，公司人员上下同心，通过运用特定的方式为实现特定的目标而努力。

M otivation And Performance

A Guide To Motivating A Diverse Workforce

第 4 章

动机

导论

人们普遍认为，员工工作的时间越长，就将越投入、越有动力，并对公司更忠诚。但是盖洛普的研究却得出了相反的结论。他认为，员工的敬业度和员工在公司的工作时间长短成反比。长期在同一个公司工作的员工的贡献不应被视为理所当然，因为随着任期的延长，员工的投入度会降低，工作动力会减弱。有学者对此现象进行了解释并指出，问题可能在于组织并没有有效利用这些员工的优势。相反，许多组织只关注员工在技能方面的不足和缺点，进而通过培训解决员工的薄弱环节，但往往忽略了员工的优势。

因此，员工任期的长短与其积极性和忠诚度并不构成特定的比例关系。管理者可以通过测评得到答案。

动机是能够被直接测评的心理因素之一。人们大多对自己的动机有自知之明，并且能诚实地报告自己的动机。有关动机的问题并没有正确答案。动机能够直接被测评但是并不代表这件事情非常简单。本章提供了一些有关动机测评的实用方法和建议。

测试与特征评估

收集数据的目的是用于测试和评估。"测试"和"评估"这两个词在很多情况下可以通用，但是它们却有着重要的区别。测试是对简单的、独立的行为或属性的测评，评估则是运用综合测试结果和其他数据回答某个特定问题的过程。综合来说，测试是一种单一的方法，评估则是综合了测试等内容的过程。测试和评估的定义如下。

> **测试**：一种对特定行为或属性的独立测评。
>
> **评估**：综合多个信息源回答某个特定问题的过程。

表 4-1 描述了测试和评估之间的关键区别。

表 4-1　测试与评估的关键区别

	测试	评估
客观性	用数字测评特定的行为和属性	综合使用各种测试、数据来回答或解决某个问题
过程性	标准化的流程，有具体的评分和结果	独立的、个性化的过程，不仅仅关注结果，还关注原因和方法
评价者角色	评价者可替代，可以是一个人，也可以是一个团队。同一个人或团队可以参与不同的测试评价	评价者必须是专业的，需要能够对评估过程的优化提出独立、专业的见解
评价技能	与测试内容相关	需要更广泛的知识基础，具备该项评估内容的背景知识，并熟练掌握评估过程
结果	根据预先确定的规则或标准输出测试结果	提供解决问题的系统方法或详细方案

没有任何一种测试是万能的，更无法回答与动机、绩效及公司内部的其他因素等有关的所有问题，这就好比没有任何一种单一的工具可以用来修建高楼大厦或修理汽车引擎一样。专业实践者应该掌握一系列可用的工具，而且应该擅长搭配和组合这些工具，以便寻找到最佳解决方案。这一点同样也揭示了评估过程中专业知识的重要性：一个经典的测试一定是专

家们集体智慧的结晶。创建心理测试量表不能成为业余爱好者的工作，因为这不是他们该做的。

所有测试都要满足 3 个基本要素，如下所示。

1. **可靠性**。测试的结果与实际结果一致。当某一天的气温为 25 摄氏度时，任何温度计的指针都会指向 25 摄氏度。如果温度计容易受到其他因素的影响，例如在某个时段显示的温度特别高，或者受到震动后温度有变化，那么这个温度计就是不可靠的。测试也是如此。这并不是说不同个体在测试中的结果一定要一模一样，像动机这样的因素是因人而异的，甚至是因时而异的。可靠性是指一个好的测试的分数变化能够反映被测试者实际的潜在变化。

2. **有效性**。测试的内容必须与目标一致。例如，温度计能准确地测量温度，但是却不能用来测评智力。一个有效的、衡量动机的测试必须是与动机有关的。这一点听起来简单、直接，但是做起来复杂得多。例如，你的动机是金钱还是名誉？对方给出的答案不一定是他的真正动机。这样的测评问题便是无效的。

3. **实用性**。测试在实践中必须切实可行。以温度计为例。如果一个温度计大到无法被拿到室内测评温度，那么这个温度计再准确也毫无用处。再例如，一份调查动机的问卷如果需要 8 个小时才能完成，哪怕这份问卷非常专业和可靠，从实践的角度来看，也是无效的，没有任何人愿意配合组织方花 8 个小时完成一项调研。实用性对于测试而言是必不可少的因素。但是在实践过程中，实用性往往会被研究人员和测评专家忽视。

有效性和实用性之间需要达到平衡。有些学者愿意为了实用性放弃有效性，而有些学者愿意为了有效性放弃实用性。站在科学的角度来看，二者缺其一就是无效的。一个没有有效性的测验是资源浪费，因为测试的结果是无效的。一个没有实用性的测试可能会被束之高阁，永不被使用。为了确保实用性和有效性之间达到平衡，专家们需要集中力量为能得出最好的结果提供系统、专业的解决方案。

另一个需要考虑的因素是测验或评估的对象。测试和评估都需要收集特定的信息，而且收集到的信息必须是测验或评估所需的，必须是有用的、可取的、重要的。因此，测试和评估的对象必须具有代表性。一个有效的测试必须传递两种明确的信息：首先，这次测试非常重要；其次，这次测试是有关某个角色、职业或组织的，相关信息必须符合测试要求、具有代表性，而不是独特的。

值得注意的测评细则

每一个经测试得出来的数据都隐含了无数需要解读的复杂信息。例如，IQ 分数使用 100 作为中点，也就是平均分。数据显示，三分之二的人的 IQ 在平均范围内（84 ~ 115 分）。这个数据背后的隐含信息还有：16% 的人的 IQ 高于 115 分，2.5% 的人的 IQ 高于 130 分，只有 0.1% 的人的 IQ 高于 145 分。这就是统计学家所说的正态分布。几乎每一种心理特征、身体特征都符合正态分布特征。图 4-1 显示了英格兰和威尔士地区女性的平均身高分布。女性的平均身高为 161.6 厘米。

数字代表什么？每个数字代表的含义是否一样？事实上，不同的标准含义不同。以温度为例。华氏温度是测量温度的标准，刻度 0 ~ 100 包含了多数人生活中需要用到的温度范围。摄氏温度也是测量温度的标准，并且大多数国家都在使用，0 ~ 100 的范围与冰点和沸点的范围一致。

可见，我们在解读测评得出的数字时，不应该过分纠结于测评的单位。因为，即使你不是经验丰富的心理测评专家，即使你不知道某个数字

的确切含义，这些数字也可以成为分析某个问题的向导。例如，"外面有
40 度或 100 度"，无论是 40 度还是 100 度，都代表这一天是炎热的，至于
到底是摄氏度还是华氏度，这并不重要。因此，心理指标的分数仅作为思
考和分析问题的指南。

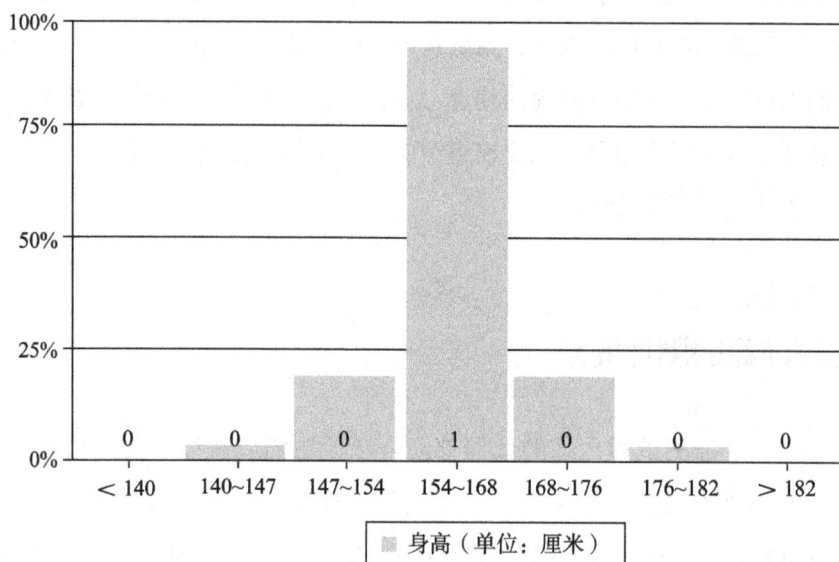

图 4-1　2010 年英格兰和威尔士地区女性平均身高分布图

　　我们在解读 HPMI 动机测验的分数时也可以遵守上述原则。为了更直
观、更容易理解，我们将这些分数按 –100 至 +100 进行排序。0 分是平均
分，代表某项因素能够起到激励作用；+100 分意味着这个因素对某人而
言特别重要；负数则意味着测评对象比一般人更不重视该激励因素。

　　不同的量表、不同的分数代表不同的信息。假定你的量表测量的问
题是"你对自己的绩效满意吗"，量表给出的答案是"是"或"否"。在
这类测验中，无论被测者选择"是"还是"否"，这种信息带给我们的启
示都是非常有限的。但是，假如将这个量表改成评分量表，将答案变成
"0 ~ 2"，0 代表较差，1 代表平均水平，2 代表优秀。那么，此时被测者

提供的回答便能够代表更多信息，但仍然不充分。假如将量表分数范围变成 0~6，0 代表非常差，3 代表平均值，6 代表优秀，那么此时被测者提供的回答将能够代表更多信息。

值得注意的是，过分纠结于分数的细节也可能让测评变得难以操作。例如，将分值范围改成 0 ~ 25 或 0 ~ 100 不是更好吗？我们在设定取值范围时需要考虑统计学意义，最理想的范围是 4 ~ 7 个刻度，因为少于 4 缺少精确度，多于 7 又过于细分。有些数据之间的差距是微不足道的，因此过于细分也是没有意义的。

有关绩效评估的 10 条建议

1. **评估周期设定成年度或半年度为宜**。公司通过绩效评估，可以鼓励员工在评估前后保持最佳状态，同时可以使用日常反馈和沟通的方式使绩效评估达到最佳效果。评估人员要注意把握年度评估或季度评估的参与度和讨论度。在评估问题的排序上，评估人员应将亟待解决的绩效管理问题放在首位。

2. **保守、谨慎、软弱的管理者一般不会给出低分**。若某些组的绩效评分整体过高，公司则需要对该组信息的可靠性进行评估。良好的绩效评估系统必须能有效地对所有员工进行区分。管理人员或评估人员必须准确、可靠地以业绩为衡量标准给出评分，在公正的基础上不要害怕被批评。绩效评估的量表也需要确保分数范围适度，要能够真正反映出大部分人的表现。

3. **评估结果要与薪酬、职业发展机会等关联起来**。如果奖励、奖金、认可等都与绩效评估数据无关，则绩效评估就很难取得实质性的效果。因此，组织需要将评估数据与薪资、晋升等决定挂钩。

4. **当个人评价或个人绩效凌驾于集体评价或集体绩效之上时，绩效评估**

的效果可能会适得其反。团队合作一直备受重视，但是很多组织的文化却往往更重视个人绩效和奖励。因此，绩效评估要关注团队绩效而不单单关注个人绩效，也可以根据需要综合个人和团队的情况进行评估。本章末尾提供了相关案例。

5. **评估可能过于呆板，无法真正区分绩优者和绩效平平者的差异，也可能非常琐碎，最后所得的数据不可用。** 组织规模越大、组织复杂程度越高，这一点可能就越明显。例如，若会计部门、法律部门、销售部门都需要对不同类型的绩效进行评估，其操作流程就比单一部门评估复杂得多。对此，有两种解决方案：首先，组织可以根据领导能力或其他标准对一定级别的管理者进行评估；其次，员工或团队可以提出自己的标准，定义理想的绩效。

6. **如果绩效评估系统并不是对每个人都适用，如某些群体需要绩效评估，而另一些群体不需要，会导致组织内部的不公平。** 若员工的奖励和绩效考评挂钩，但有些人却可以不参与评估就能拿到奖励和绩效，就会导致不公平的现象加剧。这种情况在很多公司中非常常见。例如，高级管理层不受绩效评估系统约束，但他们恰恰是员工效仿的榜样。我们的建议是，组织可以针对具体角色灵活调整绩效管理手段，但是评估必须具有公平性。

7. **绩效评估的准备工作要到位。** 绩效评估有三个阶段：系统设计、系统实施、系统维护。这需要评估人员付出时间、精力和努力，需要评估者具备相应的知识和能力，也需要一定的费用。

8. **评级量表的数字范围和单位的设定要适当。** 许多绩效评分表采取五分制。例如，1= 成绩不佳；2= 成绩合格；3= 成绩满意；4= 成绩略高于平均水平；5= 成绩优秀。如果组织将五分制改成三分制或两分制，可能就难以区分绩效的好坏。五分制也有其缺点，最后所有人的得分可能都是 2~4 分，从而给管理者留下总体绩效良好的错觉。总的来说，量表必须清晰和直观，分值范围要适当。从绩效评估的实践来看，7个刻度的评级是最好的。中间值可以代表指标代表的最低绩效标准或平均标准。

9. **对绩效管理系统进行设计、维护和分析时，需要考虑成本效益。**绩效评估的实践和设计是同等重要的两个部分，参与评估的人必须充分了解、支持和信任系统的有效性，才能达到最佳效果，因此，绩效评估的设计和实践必须是专业的。管理者通过绩效分析，可能能够发现公司内部隐藏的问题。但值得注意的是，并不是所有绩效评估都需要花费几个月的时间或者请外部顾问介入和参与，但需要考虑成本效益。

10. **员工可能会觉得自己与绩效管理体系格格不入，并将其视为必须达到但是根本不可控的目标或标准。**幸运的是，这种情况并不多见，一般出现在刚引入绩效评估系统的公司或出现过类似情况引发员工不信任的公司。更常见的情况是，员工往往会抱怨 HR 对他们熟悉的内容进行了过度评估。

绩效管理也类似于其他测评，只有真正做到标准化、系统化，才能体现其效用。绩效评估要考虑合适的成本效益比，如果成本过高，或者需要员工付出过多的精力，评估的效果都可能适得其反。虽然绩效管理的结果有时不尽如人意，但不代表绩效管理不可行，更可能的情况是操作过程中出现了偏差。绩效评估是非常好的管理工具，正像撒切尔夫人所说的那样："我们别无选择。"

定性研究

与定量评估不同，定性评估更注重主观评价。对定性研究最常见的批评是：结论缺乏代表性。与问卷调查及许多定量研究不同的是，定性研究的样本规模有限，因此代表性确实有限。但是，定性研究的优势在于能挖掘更深度、富含更多细节的信息。

学术界对定性研究和定量研究的优点及缺点展开了激烈而广泛的争论。这场争论甚至可以追溯到几十年前。有学者指出，定性数据中可能包含一些假设，而这些假设可能会掩盖或歪曲事情的本质。有学者指出，定性研究可能会导致研究超负荷，例如观察到的现象的范围、记录下来的信息量，撰写、编码和分析所需的时间可能远远超出预期。此外，几乎没有什么措施可以防止定性数据中做出自欺欺人的描述，这些信息可能会误导科学决策。为了更好地评估工作中的绩效等方面，我们暂且把这种争论放置一边。事实上，没有十全十美的方法，所有的批评或赞美都有其合理之处，因此这种辩论毫无意义。这就好比争论苹果和橘子哪个更好吃、争论蝙蝠侠和超人谁会赢一样。定性研究和定量研究适用于不同的情况，是不同的研究方法，各有优缺点。

以金钱动机为例。想象一下，把一个人挣钱的动机分为10个等级。"1"代表钱对他最不重要，"10"代表钱对他最重要，这是定量的部分。但为什么测评对象选择这些数字呢？是因为他们收入低，需要用钱来维持生计吗？是因为他们已经很富有，但是希望得到更多吗？如果某人给自己的评分是1分呢？他可以是对自己的收入感到满意的中产阶级，也可以是罗斯柴尔德家族的成员。可见，定量数据可以识别问题，而定性数据能够挖掘问题背后的原因，为找到解决方案提供线索。再如，如果有数据显示某公司有90%的人都闲着，这表示该公司存在的问题已经被找到了。为了解决这个问题，公司就需要接着调查为什么这些人闲着。前者是定量研究，后者是定性研究。

案例研究

不同个体有差异，组织也千差万别。每个组织的文化、组织结构、政策、流程及其他特点都各有不同。案例研究是定性研究，虽然非常有价值，但由于组织具有差异性，因此组织必须谨慎使用这种研究方法。

成功的商业人士和成功的企业家都喜欢讲述自己的故事，并解释他们是如何成功的。他们的故事大都经过精心包装，有着引人入胜的成长经历，包括童年时期的梦想、青年时期的失败以及人生中有意思的转折点。这些成功故事中有些是经过深思熟虑而成的，因此能为我们提供值得参考的有建设性的建议。但大部分成功人士都是自我满足型的人，他们通过讲故事来渲染自己通过努力，凭着独特的能力、超强的意志力克服种种挑战的经历，并因此而沾沾自喜。类似的学习工作坊非常流行，主要内容是学习这些人成功的秘诀。听起来，也许他们的成功故事确实有许多闪光点。

包含案例研究、传记和一些所谓真实经历的作品往往能够成为畅销书。这类书通过介绍振奋人心的故事告诉我们，如果你利用三种策略、五种纪律、七种习惯（策略的数量一般都是奇数）专心致志地去做一件事，你也可以获得成功。

商业中的故事、寓言或神话不应该和科学研究相混淆。商业故事倾向于揭示个人的经历，而非对一般生活、成功或成就的实质性洞察。例如，《成长：重新定义成功，创造幸福、智慧与奇迹的第三种衡量标准》(*Thrive:The Third Metric to Redefining Success Creating a Life of Well-Being,Wisdom,and Wonder*)一书描述了一个人因颧骨骨折而产生的一种认识，促使了人生的转变。显然，若读者完全采用他的行动方式是不明智的。

案例研究（类似于寓言故事）是开放的、多视角的、多维度的。不同的人对同一个案例可能会做出不同的解读。作者通过讲故事表达自己的偏好，不同的读者会做出不同的解读。市面上有关成就非凡的人的传记会越来越多，不同的人解读的信息也将不同。

故事本身是有影响力的。故事（或者说案例研究、历史）可以清晰地对某个概念进行解释，可以使人们深入了解个人或组织的某些信息。在这一点上，案例研究有一定的优势。例如，在测评员工的动机上，定量研究可以使研究人员快速获得某个影响因子的分值，但是并不能提供这个分值背后的原因。而定性研究、案例研究可以。

案例研究还可以提供一些诸如个人的性格、动机、经验等方面的有用信息，并帮助我们进一步挖掘这些信息在什么情况下能发挥支持作用，什么情况下能发挥阻碍作用。为什么创伤会让有些人更有韧性、越挫越勇，却令一些人更加脆弱、破罐子破摔呢？在什么情况下能够增强个体对挫折的韧性呢？这就属于案例研究的问题。

值得注意的是，案例研究可以是真实的，但并不是所有案例中的经验都可以被复制和推广。案例研究的本质，以及它们在解释特定故事中的作用，决定了它们不可能被复制。例如，帝国的兴衰往往有着相似的原因，但是，同样的推论方法不适用于这种情况：高智商的人也有失败的经历，所以高智商的人一定会成功这一结论显然是错误的。

故事或案例研究可用于解释概念和原理，用于强调背景和环境对特定团队及组织绩效的重要意义。但由于每种方法都有适用的条件，每家公司都有特定的文化和环境，所以，寄希望于将故事和案例中的经验进行简单复制是不可取的。

下面从评估三要素来探讨案例研究的效用。

1. **实用性**。案例的可读性和实用性如何？如果故事讲得好、内容吸引人，则故事的实用性较强。但我们仅凭这一点仍不能判断故事的有效性，因为小说中的故事也可以满足上述要求。文学作品来源于生活，阅读玛丽·雪莱（Mary Shelly）、陀思妥耶夫斯基（Dostoyevsky）或马丁·艾米斯（Martin Amis）的作品，也可以更好地了解人类行为。

2. **可靠性**。故事的内容是否可靠、准确？或者这些内容仅仅是出于自私的、自我渲染的目的而被编撰出来的，以满足作者塑造成功的个人形象的需求？

3. **有效性**。案例的结论是科学的、可以被实证的吗？充满个人主义色彩的经历和观点很难为他人所用。若案例能够解释和说明已经被充分研究与验证的概念，则该案例就是有效的。下面介绍一个成功的案例——托马斯国际（Thomas International）。

一家成功的测评公司

托马斯国际是一家享有国际声誉的心理测评公司，其业务遍布 60 多个国家，并在这些国家设有办事处和分支机构。其业务主要是针对组织员工的个人特质、敬业度和情商等方面进行测试。托马斯国际正处于快速成长和发展阶段，在心理测评领域居于领先地位。我们采访了该公司的内容主管塞莱斯特·麦克法兰（Celeste Mcfarland）和首席执行官马丁·瑞德（Martin Reid）。马丁本人不仅和蔼可亲，而且富有魅力，对工作充满激情，并致力于寻找新的机会。他告诉我们，公司主要以客户为导向定位战略，将激励看得非常重要，重视内部管理和员工成长。马丁说，他的首要任务是让公司保持动力和活力，让每个人始终拥有初创公司时的心态。创业精神能够激励员工主动为公司的发展做出贡献，并因公司的发展而受益。公司需要赋予员工必要的自主权，重视直接沟通和标准化管理。

塞莱斯特说，托马斯有系统的评估体系和机制。他们的客户面临的最常见的问题和挑战如下所示。

- 员工敬业度
- 冲突管理
- 团队合作
- 绩效管理
- 交流与沟通
- 接班人计划
- 留住人才
- 变更管理

　　动机是解决上述所有问题的关键。以西门子的合作项目为例。托马斯的项目团队针对西门子的招聘流程、领导力的提升和 360 度评估等机制及流程做了大量优化工作，包括帮助西门子的人力资源部门熟悉测评技术，帮助他们对组织内部的人才及其潜力进行评估，建议赋予直线经理更大的自主权，建议管理层更关注员工的价值和员工为组织做出的贡献，而不仅仅是他们的技术专长。西门子公司对此次合作的评价是：

　　该项目改变了西门子公司高层管理团队对人际交往的态度、看法，改变了西门子的管理风格和领导者的管理行为。现在他们认识到，人际交往技能和专业技能同等重要。

就业公平与标准化招聘

　　最有成效和最成功的团队都是多样化的团队，尤其是进入新的领域、新的市场时，因为没有任何一个 CEO 能解答与企业相关的所有问题。
　　——英加·比尔（Inga Beale），英国 Lloyd 仪器公司 CEO

与健康安全等主题一样，就业公平的现状令人担忧。"就业公平"这个词甚至可以让最自信的人力资源经理感到恐惧。有些人不喜欢用这个词，因为它很容易让人联想到就业律师、令人畏缩的关于劳资纠纷的教学视频以及互联网上那些如同病毒般的可怕信息。

当然，事实并非如此，而且远比我们想象的简单，争议也更少。在讨论这个问题时，我们避开意识形态之争，只讲客观事实。就业公平是指根据员工的绩效标准来对员工做出评价。就业公平需要关注两个结果：道德分歧与业务绩效。

> **就业公平**是指根据实际表现和基于个体的潜力做出决定。

就业公平与动机相关。在组织中，歧视将导致优秀者错失很多机会，也可能使不合格、不称职的人获得本不应获得的机会，从而削弱优秀员工的工作动力。很明显，如果没有基于能力和潜力的平等机会，员工的动力一定会受到影响。

类似的案例有很多。遭遇不公平待遇的员工的内在动机逐渐被扼杀，工作本身的价值和满足感难以激励他们。

- **自主性**。那些有能力但由于一些无关紧要的因素而没有得到机会的员工的自主性被削弱了。
- **成就感**。有些工作的目标不切实际，因此，对于部分员工来说，完成工作就变得不可能。这会削弱员工改善绩效的动力。
- **归属感**。主要体现在标准不公平上。当公司对不同的人使用不同的标准时，员工的归属感会受到影响，因而他们的表现可能会与以前大相径庭。

这些人的外在动机也会受到影响，如下所示。

- **安全感**。当员工感受到某个群体的价值凌驾于其他群体之上时，他们的安全感会被削弱。那些被低估或被忽视的人会感受到威胁、不安。

- **经济性**。当员工的奖励不以才能、绩效为基础时，薪酬分配会有失公平。

- **条件性**。公平对员工的身体健康等方面的影响可能较小，但是不公平的环境或文化条件可能会对个体的动机产生消极的影响。

我们必须强调的是，这里讨论的不公平与员工的主观意愿无关。例如，有些员工抱怨公司的政策或决策不公平，往往不是因为真的不公平，只是因为他们不喜欢这些决策或政策。本章讨论的不公平，指的是客观的、清楚的、可衡量的不公平。例如，个人因为性别或种族等原因而遭遇歧视。

因此，就业公平意味着科学的决策和程序。公司应该基于科学的标准来招聘员工，根据他们对公司的实际贡献来补偿员工，根据员工的工作潜力来决定是否为其提供晋升机会。《高潜力》（*High Potential*）一书对这一问题进行了详细的讨论，并着重提到了绩效管理与就业公平的一致性问题。这也意味着，最终留下来的员工应该是绩效优异的，而那些被解雇的员工将得到合理的解释和理由，弄清楚他们为什么被解雇。

本德尔和他的同事概述了组织基于就业公平设计福利政策的四种方式，如下所示。

1. **建立和扩充人才库**。公司内部存在的各种歧视可能会弱化其潜在人才的储备能力。基于管理者的个人偏好雇用员工的组织会陷入"克隆人陷阱"，从而错过潜在的优秀员工。有关人口统计学差异（例如性别）的不同研究表明，多样化的文化更能吸引员工，从而为企业的发展奠定基础。

2. **降低成本**。高流动率、劳资纠纷以及诉讼都与管理不善和公平政策相关。有学者对相应的成本进行了研究，并指出就业不公平会导致旷工率增加；若员工感觉自己遭到了歧视，其工作满意度会降低。

3. **符合消费者特征**。如果消费者群体是多样化的，那么公司对客户的理解也需要不一样。具有不同背景、经验和知识的人能够帮助组织开阔视野。同样，多样化的员工更有利于公司在新的市场中获得成功和赢得客户。

4. **关注创造力及更优的决策**。有学者认为，多样化的员工更有利于公司整体创造力的提升，并进一步提高整体决策的质量；麦肯锡的研究表明，高层职位的男女比例差异较小的公司在投资回报和市值增长方面优于行业平均水平。

过去数十年来，人们的工作环境发生了很大改变，越来越多的企业强调公平实践、关注多样化。于是，有人可能会问，难道这还不够吗？现在还不够公平吗？答案是，还不够。无意识的偏见是就业公平的严重障碍之一。简单来说，美国医学院协会提供了八个案例来证明这种偏见的确存在，而且其影响是负面的。我们将介绍其中三个供读者参考，如下所示。

- 一项研究要求学术心理学家对实践心理学者的简历进行打分。研究者事先对每份简历随机标注了不同的性别。研究表明，无论是男性评分员还是女性评分员，都更倾向于聘用男性应聘者，而男性应聘者在资质方面得到的评分也更合理。类似的研究证明了这样的模式同样适用于管理者，即使性别是随机分配的，研究结论也显示男性在各个方面都更受欢迎。

- 一项研究要求被试对虚构的简历进行评价，这些简历中的种族也是被随机添加进去的。研究表明，非裔美国人得分最低，亚裔美国人得分最高。在评价不同的种族适合什么类型的工作这一项目时，墨西哥裔美国人被认为最不适合担任高层管理者。

- 一项研究测量了盲试对乐团雇用音乐家的影响。研究表明，在盲试中，由于研究者看不到音乐家而无法辨认出其性别，女性被雇用的概率增加了 55%。

大量证据表明，现在的工作实践更加多样化了，但是改进的道路仍然任重而道远。例如，在英国富时指数成份股公司的董事会成员中，英国的女性占 15%，美国女性占 12.6%，法国女性占 16.6%，德国女性占 12.9%。女性在董事会中所占比例最高的是挪威，达到 36.3%。

另一项有趣的研究显示，雇主的看法和事实总是存在差距。研究表明，45% 的雇主认为现在的员工不可能患有精神疾病，而 89% 的雇主认为公司过去没有任何人患有精神疾病。而事实是，有大约 50% 的员工在一生中被诊断出患有精神疾病，每年有 25% 的员工被诊断出患有精神疾病。其他的数据也表明雇主对公司内部员工的精神问题缺乏关注，同时也意味着许多雇主和企业没有为相应的问题提供解决方案。

> 不得不承认，组织在就业公平道路上的障碍非常巨大且任重道远，如果不加以干预可能难以克服。虽然如此，我们应该认识到，人们仍然可以有所作为。仅仅抱着美好的愿望等待就业歧视自然而然地消失的做法是麻木不仁的。不关注、不作为，就业公平就难以实现。
>
> ——罗莎莉·西尔伯曼·阿贝尔法官（Rosalie Silberman Abella）

就业公平的科学性

基于就业公平的就业实践是科学的。科学性是指基于合适的证据做出明智的决策。就业公平并不是要求以同样的方式对待每个人，而是指无论个体之间是否存在差异，组织对待每个人的方式都是公平的、科学的。例如，所有盗窃者必须面对相同的后果，承担相同的责任，而无论其具备哪些特征。就业公平意味着包容个体差异，平等对待这些差异。例如，在公司安装电梯和坡道以帮助身体有缺陷的人更方便地进出公司。

有人担忧就业公平可能会导致反向歧视、配额制度的形成或减少就业公平政策中未涉及的其他群体的就业机会。这一点确实值得注意。就业公平不是要赋予某个群体人为的优势，而是要确保每个人都有公平的机会。例如，每个群体都有平等的就业机会，每个人都有平等竞争某个职位的机会，相应的职位应该由最合适、最有潜力的候选人担任等。

有人担忧就业公平可能会导致公司雇用不合格的人，这是对就业公平的误解。任何人都不应该因为隶属于某个群体，或者因为拥有某种特定的背景而获得特别的机会或优待。无论是选拔、雇用、晋升、发展还是留住人才，公司都应该以合格与不合格为判断标准。如果个体没有资格或不称职，无论是谁，都不应该得到相应的机会。

就业公平方案旨在确保公司不会因为某些偏见而错失潜在人才，或者给优秀的候选人增设不必要的障碍。就业障碍听起来简单，其实非常复杂，有时难以被区分清楚，甚至很难被意识到，很多因素都可以成为就业障碍。同时，某些因素是否是障碍也取决于工作的类型。例如，要求所有出租车司机或快递员持有驾照才能上岗是公平的。但对于其他群体，同样要求具备驾照便可能意味着不公平。加拿大一家报纸的分类招聘广告显示，在近 1 000 个招聘广告中，约有 10% 要求被应聘者持有驾照。而在要求持有驾照的岗位中，如清洁工、餐馆服务员、工人、老年护理员、药房助理等，只有不到 70% 的人真正从事与驾驶汽车有关的工作。大多数工作实际上并不需要求职者持有驾照，而招聘方却要求求职者出示驾照。这种障碍对不太富裕的求职者来说就如同一种偏见。此外，根据加拿大的《就业公平法》，这些要求是非法的。事实上，类似的障碍非常普遍。最近伦敦北部的一家商店橱窗里发布了手写的关于招聘女清洁工的广告。很显然，店主并没有发现这则广告有任何不妥之处。

如果性别或驾照并不会影响工作就不应该成为入职门槛，也不应该成为招聘标准的一部分。上述案例中的雇主可能并无恶意，也可能不是有意要排斥某些群体。但是，从事清洁工作的人不需要持有驾照是基本常识。在加拿大，持有驾照被当作从事工作的基本要求，这是由于加拿大的公共交通有限、通行时间不稳定。因此，许多雇主认为，员工应该开车上班，这样更能满足公司对工作时间的要求。而事实上，类似的问题属于守时和可靠性的问题。企业可以公平、公正地解决这类问题，而不应该据此排除没有驾照的求职者。

另一种障碍与招聘广告的方式相关。如果雇主只通过口头描述的方式发布招聘广告，就可能使一部分人失去公平获得工作的机会，显然，这种方式更有利于与公司员工相识的人。这种发布广告的方式也是一种偏见。如果公司的目的是找到合适的人才，那么就应该通过利用社交媒体等多样化渠道发布招聘广告。扩大发布招聘广告的范围有利于公司找到真正的人才。

有些人认为就业公平应该由劳动力市场的供求状况来决定，无论背景如何，最有才华的人都可能凭借自己的聪明才智获得机会，是金子总会发光。在某些情况下，这种观点可能是正确的，但是在另外一些情况下并不现实。以平衡家庭和工作所需付出的努力为例，女性面临的挑战比男性大得多。

就业公平的内涵其实很简单，即基于某些科学的标准招聘、发展和留住绩效优良或具有潜力的员工，给予他们相同的机会，不给他们设置任何不必要的障碍，不因他们具有某些特征或隶属于某个群体而消极地对待他们。这样的政策对拥有较少机会的人来说，是一种激励；对拥有不公平优势的人而言，同样是激励。这意味着，他们所获得的奖励和成就是凭借自己的真实绩效和能力获得的，他们将因此而深感自豪。

有学者对就业公平进行了更全面的分析，西安大略大学编著的《雇用公平指南》（*A guide to employment equity*）一书提供了很多有关就业公平的实用意见和建议。

小结

动机可以被测评。本章从就业公平、扩大人才库、理解组织文化和政策等方面提供了有关激励和改善绩效的许多建议。衡量工作动机的方法是多样的，组织应该基于各自的战略、目标以及情况来确定相应的方法。

即使是成功的组织，其在改善员工工作绩效和幸福感，以及提高劳动生产率方面，仍有不可思议的机会和空间。无论是从短期还是长期来看，动机测评都是组织变革和发展的重要基础。值得注意的是，动机本身并不是解决方案，动机测评仅仅是工具和手段，其目的是为公司找到解决方案提供线索。本章通过介绍一些案例演示了组织如何利用动机测评识别组织的问题，改善员工的福利，进而增强组织的盈利能力。

Motivation And Performance
A Guide To Motivating A Diverse Workforce

第 5 章

沟通

导论

沟通的内容和方式不仅与思维有着错综复杂的联系，还与动机有关。本章将讨论沟通方式的区别，包括肢体语言、电子媒介沟通等。研究表明，肢体语言之间的细微差别往往会被人们忽视。本章将重点介绍最近流行的网络沟通等电子媒介沟通方式，内容非常实用。

所有的工作都以沟通为基础。团队、客户、直线经理、领导者、利益相关者等彼此之间的联系都以沟通为前提。成功的团队一定是能进行有效沟通的团队，而失败的团队则一定存在沟通方面的障碍。当有效的信息没有被传达时，即使是最积极的员工也会感到挫败。

随着科技的发展，越来越多的媒介具备改善沟通的潜力。现在，几乎任何人都可以与世界上任何地方的人进行沟通。

绩效管理系统、薪酬福利制度都将影响组织的外部激励，这些策略是基础性的，主要用于减轻组织中不满意因素的影响。除此之外，员工在工作中的满意度也与沟通息息相关。任何与团队相关的工作都需要沟通，短期沟通不畅可能让人难过，长期沟通不畅则可能给组织带来负面的影响。但在实际工作中，沟通的重要性往往会被忽视，因为人们沟通得太频繁了。因此，我们要特别关注沟通渠道和沟通方式对组织文化塑造、个人动机形成等方面产生的影响。

如果大多数人都擅长沟通，我们就没有必要讨论如何进行沟通了。在任何形式的沟通中（无论是肢体语言、网络沟通还是表情符号等）都存在着各式各样值得我们注意和探讨的问题。个体在工作中需要沟通的内容越多、沟通越频繁，暴露的问题就会越多。

肢体语言

面对面交流是大家最熟悉的沟通方式。无论在什么情况下，只要互动双方能够看到对方，肢体语言就会影响交流。几乎所有关于人力资源或商务类的课程都会涉及非语言沟通这个主题。约 70% 的信息交流是通过肢体语言进行的。这就意味着，非语言沟通所传达的信息内容是语言沟通的两倍。在关于谈判与沟通技巧的课程中，讲师会指导学员如何解读对手；在有关面试者的选拔等课程中，讲师会指导学员如何识别面试者的伪装术；在评估研讨会上，咨询顾问会强调如何从视频中截取出特定的信息来判断参与者的满意度和失望程度；有关销售的课程则会教人们如何关注客户以实现销售目标。

美国的一项研究表明，服务员得到小费的数额与其非语言行为相关。有三种行为能对服务员的小费产生影响。首先，服务员是否触碰了用餐者。美国的用餐者喜欢和带食物的人进行肢体接触。其次，服务员与用餐者进行最初互动时的姿势是蹲着还是站着。美国的用餐者更喜欢蹲着的服务员。最后，服务员是否笑脸相迎，微笑给人的感受是否发自内心等。在英国，同样的行为则可能导致小费减少，也可能导致用餐者要求收回小费。上述研究表明，在不同的文化和不同的环境中，人们对非语言行为的期望是不同的。

肢体语言因文化、地域而异。就好像美式英语一样，不同的地方有不同的口音，不同的单词在不同的地方有不同的意义。肢体语言也有自己的文化和地域特点。当然，随着世界各地文化交流日益频繁，这些特性在不同文化内部和文化之间相互传播，文化之间的差异会缩小。特别要注意的是商务沟通有其独特性。例如，比尔·克林顿（Bill Clinton）就曾经强调过握手的方式，不仅要双手紧握，还要与对方进行眼神交流。大家想想这种握手方式有什么独特之处吗？

英国德布雷特（Debrett）对握手的诠释是：握手时间要短，但是要辅以直接的眼神交流。最好不要通过其他触摸方式表达问候，例如将手放在对方的背后或双手紧握，否则可能会使问候变得非常复杂。可见，英国仍然是一个相对保守的国家。

就好比墨西哥葡萄酒、美式足球或希腊的金融体系有其独特性一样，不同文化对某些肢体语言的接纳程度不同，诸如眨眼、手势和身体姿势等。日本人显得高深莫测，有着非常不同的肢体语言规则；美国人非常善于隐藏真实情感。

我们也可以用语言来表达肢体语言。以下是不同地区的非语言交流的例子。

- **情感空间距离**。人们会更愿意靠近那些在情感上愿意接近自己的人，并试图与他们保持亲密距离。亲近通常意味着亲密。
- **眼神交流**。眼神交流或频繁的眼神交流意味着你很关注对方，而且很开放。但是，过多的眼神交流也可能被视为威胁。
- **姿势**。懒散的姿势表示放心或粗枝大叶。挺拔的姿势既可能代表镇定，也可能代表拘谨。

那些专注于肢体语言反应的人可以很快地从对方的手势中读出某些信息或信号。例如，玩弄头发、摆弄珠宝、侧视或似笑非笑都可能被解读或过度解读。不同的行为和动作对不同的人意味着不同的信号，在不同的文化中甚至差异显著。不看别人的眼睛可能被视作说谎或不尊重；而保持眼神交流可以表达兴趣，也可以表达愤怒。任何一个优秀的扑克牌玩家都知道肢体语言是可以伪装的。

团队中的肢体语言存在模仿的可能性。即使不是刻意为之，大多数人也会下意识地采取行动以融入群体。例如，在群体活动中，人们往往会同时拿起酒杯喝上一口；在大多数人坐姿标准的时候，个体也会不自觉地挺起脊梁；某个人看一眼手机，很有可能会引发一波人查看自己的手机。

有关手势的含义没有具体标准。但是什么样的肢体语言能表达尊重这一问题值得我们关注。以下是几条有关肢体语言尤其是有关说谎的肢体语言的规则。

- **延迟回答**。个体在回答问题时思考时间较长可能意味着他在说谎。编造谎言比说出事实需要更长时间。当然，有些问题的答案确实需要深思熟虑，尤其是当问题的后果可能比较严重时。
- **距离代词**。指在交流过程中很少使用 "我" 或直接代词。当真相变得越来越扑朔迷离时，故事可能会变得越来越抽象、没有人情味。
- **语速缓慢但不均衡**。这可能意味着个体在编造故事，从而影响了其讲话的流畅性。谎言会导致语速不均衡。如果个体未事先演练如何说谎，其在表达的过程中便可能结结巴巴。
- **过多细节**。说谎者经常在不必要的时候滔滔不绝。他们可能用无关紧要的细节来代替沉默，使故事听起来更有说服力。但这些细节也很容易被反驳、被证实是谎言。优秀的调研人员应该注意思考，如果对方保持沉默的时间过长，那么他是否是在编造细节，以及沉默时间的长度和编造细节的可能这两者之间是否有一致性？
- **音调升高**。当个体说完话时，若语调上扬并变得更加尖锐，音调升高，他可能是在说谎，听起来像是在提问 "你相信我吗？" 当然也有一些文化例外，例如澳大利亚人、新西兰人、美国的加利福尼亚州人有类似的习惯。

- **过度的动作**。个体在情感上的不适可能会通过身体表现出来，说谎者更容易表现得东倒西歪、坐立不安。

- **过多的眼神接触**。说谎者可能会矫枉过正，通过过多的眼神接触来看看对方是否在质疑自己。当然，过多的眼神接触也可能是虚张声势。

- **无意中发现的真相**。由于紧张，个体在说话过程中可能会频频说错话，这种情况有可能暴露一个人的真实想法。一般来说，说错话的频率增加往往表明个体处于焦虑状态。

- **平缓的声音**。说谎者为了避免显现任何可能泄露身份的表情或语调，会刻意通过平缓的声音来做掩护。

上述迹象可能代表个体在说谎，但并不完全准确。因为不仅是说谎者在社交场合会感受到不舒适，大多数人感到害羞或受到威胁时，都可能在交流过程中表现得紧张与焦虑。公共演讲者、练习第二语言的人、面试者、与 CEO 共进午餐的与会者都可能表现得非常紧张。紧张的表现与说谎的表现是类似的。

病态的说谎者往往相信自己的幻想，因此他们编造的故事听起来会非常真实。优秀的扑克牌玩家清楚，最有效的误导就是用别人不相信的方式说出真相。

肢体语言主要是后天习得的。除了少数个体之外，许多肢体语言诸如手势和姿势等都是个体在成长过程中习得的。家人、朋友和老师都会以不同的方式影响个体学习肢体语言的过程。

即使没有语言，肢体语言也能表达一些信息。手势、姿势、触摸以及着装都能传递出清晰的信息。狡黠的一瞥或眨眼可能是迷人的，也可能夹杂着嘲弄意味。微笑可以代表鼓励，可以调节气氛，也可以代表示弱。肢体语言可以用来重复和强调某些信息，甚至可以否定对方的观点，起到讽刺的作用。通常，肢体语言的调节和协调作用更常见，这有助于提醒人们什么时候该说话，什么时候该沉默，在什么情况下，事情变得尴尬了等。

我们不能想当然地认为肢体语言是最重要的。当下，没有肢体语言的交流比比皆是，例如电子邮件、网络交流等，它们是肢体语言的替代品。

下面介绍两个案例。

想象一下，把一群人随机分成三组：一组读 CEO 签发的文件信息；一组听到了内容完全相同的广播信息；一组观看有关同样信息的视频。假定他们接收这些信息的时间是一致的，仅仅是接收媒介不一样：打印件、广播、视频。研究目的是测量这三组人对这些信息的记忆情况。研究表明，打印组记得最多、视频组记得最少。为什么呢？首先，阅读需要个体付出更多的脑力劳动，需要对材料进行加工，这有助于增强记忆力。其次，阅读者可以按照自己的节奏来解读信息，不受视频中某些因素的干扰。例如，视频中 CEO 糟糕的着装、糟糕的眼镜、糟糕的发型等都可能干扰人们对信息的注意力。从这个意义上说，图像和声音传递的信息内容是不同步的，视频中的某些因素影响了人们的记忆力。

第二个案例研究表明，人们在电话交流等口头交流时比面对面交流时更能识破谎言，这一点令人惊讶。谎言的线索包括反应延迟，例如在考虑回答某个问题时思考了更长时间；也包括语言上的疏远，例如用"某人不能说"代替"不能说"；说话的语调缓慢且不均衡；由于害怕沉默而显得言过其实；说到最后音调突然提高而不是下降等。

上述案例并不是要证明传统的交流方式优于新型的交流方式，而是只意味着两种交流方式存在不同。

正式沟通与对话类型

正式沟通是有组织的、有序的、单一的。例如，营销信函、CEO 的信息和书面政策等都是针对特定群体的正式沟通方式。在有些正式沟通过程中，我们不需要立即以同样的方式回应。对话则是非正式的、相互的，可以是两个人之间或更多人之间通过任何媒介进行的交流，因此约束更少。人们在完成大多数工作时都需要以成百上千次对话为基础。

沟通不仅仅指面对面的沟通。有效沟通的影响非常深远。良好的沟通是一种激励，而糟糕的沟通可能让人丧失动力。

沟通的方式越来越多样化，因此我们无法制定沟通的标准模板。沟通如此复杂，我们在运用不同的沟通媒介时面临着众多挑战和机遇。

沟通的挑战在于，在工作中，以电子邮件、短信等为媒介的沟通缺乏具体的、有针对性的操作指南。在深入探讨有关沟通的更多细节前，本章将提供三条指导原则，这不仅是关于沟通礼仪的，也是关于激励的，这些信息能帮助组织避免忽略大量未经管理和组织的信息。以下是三条基本准则。

- **组织沟通**。数字通信是管理沟通最重要的软技能之一，但很少有公司会制定相关授权制度。
- **优先沟通**。我们发送的电子邮件越多，收到的回复信件就会越多。如果收件箱里塞满了未回复的信件，可能会给我们带来挥之不去的内疚感，清空收件箱则会给我们带来满足感和解脱感。但并不是所有电子邮件都需要紧急回复。延迟回复电子邮件可以提高效率、减轻压力。例如，若早上回复 50 封电子邮件，中午时收件箱又会被新的邮件塞满。因此，我们必须学会依据重要程度对信息进行排序和处理。

- **消除模糊性**。真正的代际差异之一（尽管界限并不明显）或许在于，不同一代人使用沟通渠道的经验和实践不同。冲突、挫折和压力往往由误解造成，所以清晰的沟通有利于消除误解，构建良好的人际关系，有助于推进工作。从利用电子沟通媒介来看，千禧一代有其优势。我们在消除由于沟通不当引起的误解时需要思考的是，工作中哪些沟通方式更有利于消除障碍？预期沟通的响应时间是多长？首选的沟通方式是什么？

沟通有助于人们保持活力，但若沟通不当，也会令人失去动力。

本章将重点讨论电子媒介沟通方式，原因是它无处不在。全世界每天有超过 1 000 亿封电子邮件被发送出去，且数量仍处于飙升状态。但众所周知，电子邮件经常被报道为工作压力的来源：37% 的智能手机用户、12% 的非智能手机用户认为电子邮件是压力源；96% 的受访者表示，若每天处理的电子邮件超过 50 封，压力就会剧增——企业用户平均每天收到88 封电子邮件，而且电子邮件并不是唯一的电子通信方式。

办公室职员平均每周花 13 个小时，即每年花约 650 个小时处理电子邮件。这意味着，普通的办公室职员要将其 45 年的职业生涯中的几年贡献给处理电子邮件。如果说，没有沟通就没有生意，那么电子邮件沟通有什么好大惊小怪的呢？因为随着时代的进步，电子商务越来越普遍，电子沟通的种类越来越多，人们花在电子沟通上的时间也不断增加，因此如何有效地使用电子方式沟通值得重视和关注。数据显示，每天通过社交平台发布的信息超过 600 亿条，是短信数量的 3 倍；每秒钟通过社交平台发布的信息多达 20 万条，人们通过 Snapchat 每秒发送的图片信息量超过 9 000条。本书出版时，这些数字和趋势仍在不断增长。虽然塞缪尔·高德文（Samuel Goldwyn）说过："永远不要具体地预言未来"，但是我们仍然可以肯定地预言，按照目前的增长趋势，未来电子通信的使用率将超越电子邮件。电子通信已经变成人们日常生活的一部分。我们需要关注电子通信并有效地予以使用。

电子邮件强迫症

电子邮件的即时性、直观性和跨地域性及沟通的速度等都与传统的沟通方式不可同日而语。我们甚至可以用毫秒或秒来度量电子邮件的延迟速度，这在书面沟通时代是无法想象的。由于电子邮件如此普及并且是免费的，因此其应用领域非常广泛。电子邮件的优势在于可以将信息即时传达给世界上任何一个。

但电子邮件也有缺点和风险。首先，大多数人都有过接收垃圾邮件和推销邮件的经历，并为此感到沮丧；有些有极端政治信仰的人可能会坚持向地址簿中的所有人群发电子邮件，给很多人造成困扰。有些重要的电子邮件可能会被这些无关紧要的邮件淹没。其次，回复电子邮件时存在一键偶然回复所有人的风险，这种情况令人恐惧。前文已经提到，回复电子邮件会耗费大量时间和精力，及时回复电子邮件能够展现亲和力，但也可能因为过于平易近人而增加工作负荷量。最后，电子邮件的容量也是个问题。

若电子邮件出现故障，无法回复或接收邮件，可能会使人们陷入焦虑和恐慌的情绪中。人们会担忧是否错过了至关重要的邮件，导致失去某个机会，失去某些收入，引起某些流言蜚语等。可以说，人们对电子邮件又爱又恨。

电子邮件的问题可以简单地分为两类：信息量和解读。

第一个问题是信息量，这个问题显而易见。尽管邮箱都有过滤垃圾邮件的功能，但大多数用户还是会抱怨他们收到的信息量太大。最突出的问题是，如此多的邮件让我们很难区分哪些重要、哪些不重要。目前，没有任何一种自动化方法可以帮助我们优先识别真实的朋友、同事、重要的联系人等发送的电子邮件。

第二个问题是解读，这个问题更具有挑战性。发送数据成本的降低以及收发信息发送速度的加快，使发送复杂信息变得更容易，但由于缺乏日常交流中肢体语言的辅助，解读信息变得更加困难。由于语言具有容易引起歧义和误解的属性，不同的人在解读同样的电子邮件时可能会产生不同的情绪。有些人可能喜欢某种语言风格，而有些人可能因此而感到愤怒和焦虑。

电子邮件沟通规则

在职者处理电子邮件可能会导致工作效率降低，因此有些组织试图制定相应的电子邮件收发规则。有些规则有一定的攻击性，有些规则具有防御性。无论如何，制定规则的目的都是帮助员工过滤不必要的信息，优先处理重要且紧急的信息。有关规则的建议如下：

- 同一封电子邮件不应该被发送给同一办公室、同一楼层或同一楼栋的同事；
- 在电子邮件中应尽可能谨慎使用有关提示紧急情况的标志；
- 每天限量发送标记为紧急电子邮件的邮件；
- 每人每天限发 10 封电子邮件；
- 每人每天最多给 7 个人发送电子邮件，给每个人最多发送一封电子邮件；
- 每封电子邮件的字数限定为 20 ～ 150 个字符，可以使用最多不超过 7 个项目符号；

- 如果一封电子邮件 48 小时内没有得到回复，那么将它删除；

- 在假期或不在办公室时，可以设置自动回复，以提醒对方你无法及时查阅邮件。

虽然上面的规则看起来都有其合理性，但是这类规则过于严苛，可能在现实情况中无法被合理运用。公司制定电子邮件规则的前提是能够合理解决同事之间的沟通问题。

电子邮件的缺点在于双方无法感知对方的语气，无法看到对方的肢体语言，因而可能引起误解。我们虽然可以运用各种符号来说明和解释某种情况、表达感情，但收效甚微。此外，书面交流可能会因为某些符号变得更复杂。例如，大写字母可能被视为大喊大叫，拼写错误或出现错别字可能被视为粗心或无知等。

鉴于电子邮件所具有的上述特征，我们在收发邮件时需要顾及文字背后隐含的意思。与收发邮件相关的礼仪和规矩的建议如下。

- 如果某封邮件读起来令人不满或者感到悲观，千万不要立即回复。当然也不需要一直深陷于这些消极情绪，让时间来治愈我们。

- 转发包含笑话、旁白或个人评论的电子邮件时要谨慎，因为这些内容可能有其独特的背景信息。

- 至少重新阅读一次待发送的电子邮件，尤其是带有感情色彩的语句。

- 并不是所有的电子邮件都需要被发送出去。

不恰当地收发电子邮件可能会破坏双方的关系，使双方失去合作的动力。下面我们谈谈有效管理电子邮件的方法。

电子邮件是大多数上班族每天都需要面对的难题之一。收件箱是包含不断膨胀的待处理事项列表，包括诸如请求、建议、信息和各种待讨论事项等。我每年也收发成千上万封电子邮件，每天收到的电子邮件可能比本书的内容还多。因此，电子邮件变成了人们的压力源之一。

遗憾的是，并不是所有公司都关注到了电子邮件带来的压力，及时出台相应的管理政策。虽然有的公司出台了类似不能向同事发送 Snapchat 中的某些身体部位照片进行骚扰等政策，但很少有公司制定有效管理电子邮件方面的政策。有些公司将相关政策的焦点放在员工发送电子邮件的行为上，例如禁止使用工作邮箱发送私人信件，未经许可不能收发受版权保护的资料等。上述政策的共同特征是忽略了电子邮件对员工动机的影响。我们的建议是，在制定相关政策时，需要思考下述两个问题：员工什么时候可以使用电子邮件？在非工作时间，如何处理电子邮件？

电子邮件已经形成了一定的使用惯例，它引起的潜在问题、带来的机遇已经远远超出了电子邮件本身。大多数人都拥有可随时收发电子邮件的设备，如手机、平板电脑等。这些设备不仅可用于收发电子邮件，还可用于社交等。现在，电子邮件的使用量有被某些社交程序超越的迹象。

人们在利用移动互联网进行社交的路上将越走越远。只要拥有移动设备，人们就可以发送电子邮件、发送消息、发送照片，甚至可以在玩游戏时与他人进行互动。交流方式的多样性引起了精明的营销人员、关注时事的评议员和安全服务人员的注意，他们对新媒介传播信息的方式非常感兴趣。组织中的决策者也应该关注这一点。

短信等工具

手机已经成为人们不可或缺的生活工具，越来越多的人通过使用手机收发短信、电子邮件等方式与他人进行交流。电子邮件和短信是两种不同的沟通方式，虽然二者的用途大致相同，但短信的即时性和紧迫感更强一些。

在工作中使用短信进行沟通并不是必要的。除非是特殊情况，否则，短信更适合在工作之余被使用。

我们从名称本身就能发现即时通信服务的吸引力的端倪。值得注意的是，混淆工作交流与私人交流的方式的媒介，或者在工作交流中使用更适合私人交流的媒介都存在非常大的风险。

最近，学者们进行了许多关于手机的研究。证据表明，手机会分散人们的注意力。无论是开车，还是和同事一起吃午餐，人们离手机越近，就越可能分心。尤其是在开车时使用手机不仅仅会分散注意力这么简单，这还是一种非常危险的行为。类似的分心如果在工作过程中发生，可能不至于丧命，但也可能对组织造成破坏性的影响。

桑顿和他的同事们的研究表明，即使不用手机人们也会分心，只是现在，手机成了人们分心的主要干扰源。只要手机在人们身边（哪怕人们并不需要使用手机），它就会分散人们的注意力。这些干扰将降低个体的生产效率，使其无法完成相关工作。研究甚至表明，若将手机的屏幕朝上放在桌子上，被试的 IQ 分数会显著降低。诚然，这并不是说手机会使人们的智商下降，重要的是，持续分散的注意力将削弱人们的专注力，降低人们的工作效率，影响人们处理问题的能力。

制作广告牌的广告商知道，闪烁的灯光和巨大的噪声将削减广告的效能，因为处理分心比集中注意力需要耗费更多的能量。手机若被使用得当，就是有效的工作工具，而如果被使用得不当，就将带来适得其反的效果。

使用短信等即时通信工具可能引起的三个问题如下所示。

- **分心**。短信、电子邮件和电话通知都可能导致分心。研究表明，眼不见、心不烦的原则也适用于手机。把手机的屏幕朝上放置于办公桌上会使人分心，如果一整天都是这种状态，会降低个体的工作效率，干扰个体的工作思路，削弱个体的工作动力。手机需要被放置在适当的地方，需要被适当使用。对于大多数职业而言，手机并不是时时刻刻必备的工作工具，偶尔使用即可。

- **边界**。目前还没有证据证明短信沟通比电子邮件沟通的效果更好。无论是与老板、同事、下属还是客户等交流，沟通的方式多种多样，而短信并非是必要的、唯一的沟通方式。因此，我们有必要建立工作沟通的边界，区分工作和私人生活的沟通媒介，在适当的时候关闭某些交流渠道，以便提高工作效率。

- **通知**。试想，如果同事走进你的办公室，每隔八秒向你提出一个问题，或者发一条信息、发一张小猫的图片给你，你能完成多少工作？每次弹出的通知（来自短信、电子邮件等其他媒介）都非常相似，即使你想忽略它们，它们也会分散你的注意力。大多数就职者不需要迅速地对信息做出反应，当然，医生、警察、消防员等特定职业除外。所有设备都有过滤器，我们要擅长使用这些过滤器，例如设置特定的短信接收时间，设置人物优先级等。

表情符号、动态图、象形文字

互联网时代，象形文字被引进了电子交流的范畴。象形文字，是指那些替代肢体语言的表情符号等。语言纯粹主义者常常哀叹语言的本质变化了，有作家抱怨说新的技术、年轻的使用者正在破坏传统的语言。每次《牛津英语词典》增加新词，例如"电臀舞""爸妈的银行"等，都会引来人们的抱怨和嘘声。事实上，为了适应新的条件和环境，语言也需要不断得到更新和发展。

我们在理解这一新趋势时需要先了解两个概念。首先是"表情符号"，即可以和即时信息一起被发送出去的人脸、人物形象或物体的图片等。很多年前，人们就可以在电子邮件中使用文本笑脸表达情绪，表情符号比文本笑脸更复杂，能够更生动、形象地被用来表达情绪。现在流行的有版权的表情符号起源于日本。2012年，苹果将表情符号植入手机，表情符号的运用从此迅速风靡全球。2015年，从表情符号演绎而来的词汇"带着泪水喜笑颜开"（Face to Tears with Joy）甚至被收入《牛津英语词典》，变成了年度词汇。

文本信息由于缺乏语调和肢体语言的辅助，往往会显得索然无味，甚至容易被误解，表情符号的出现弥补了网络沟通中的上述缺点。可以说，表情符号就如同互联网的"面部表情"和"肢体语言"一样。

动态图是指无声的视频剪辑，一般只有几秒钟的时长，它同样被用于表达某种情感。人们在网络沟通中使用动态图表达情绪的情况非常普遍。

表情符号或动态图使网络交流变得更丰富多彩。就像肢体语言的辅助会使面对面交流更生动、有趣一样，表情符号和动态图能够帮助人们表达强烈的情绪，如兴奋或厌恶。若沟通双方都能够理解某些图像的含义，他们交流起来会更有意思，也可能会更有效。表情符号越来越受欢迎，甚至有些机构开设了像表情符号工作坊这样的培训供管理者学习。

挑战与机遇并存。正如肢体语言的含意与当地的文化息息相关一样，沟通双方也需要对表情符号和动态图的含意的理解相同。如果双方的理解有差异，就容易导致某一方断章取义，影响交流效果。相反，相互理解幽默和交流内容有助于沟通双方建立积极的关系。

接下来，我们将讨论针对员工和管理者的建议。

对员工的建议

与大多数沟通方式一样，我们在正式场合中使用新媒体进行沟通时同样需要使用正式的语言，以避免造成某一方无法理解和误解的情况。在初次沟通时，我们应该谨慎使用表情符号或动态图，在向未来雇主发送简历时，我们可以附上"谢谢你考虑我的申请"，但要谨慎使用表情符号（如笑脸）。总之，我们在进行网络沟通时保持谨慎是必要的。

对管理者的建议

表情符号伴随着网络沟通应运而生。有些人刚开始使用表情符号时可能会感到不舒服，尤其是对卡通形象不感兴趣的人可能难以理解表情符号的意义。但任何一代人都有其喜欢和习惯使用的俚语，当下，表情符号已经变成网络沟通的一部分。

与热衷于使用表情符号的员工或年轻的新员工沟通时，管理者要谨慎使用表情符号。因为如若我们无法恰当地使用表情符号，难免让人尴尬。出于礼节，谨慎使用表情符号以避免犯错是有必要的。

我们可以将以下八点当作网络交流的准则，以此提高沟通效率。

- **区分账户**。指对不同账户进行分组，并可根据角色或角色职责对地址簿中的邮箱地址进行排序，这有助于我们判断哪些信息需要立即关注和回复，哪些信息可以稍后处理。
- **恭敬地进行交流**。当我们在与不熟悉的人进行交流时，要注意保持礼貌和尊重对方，应该尽量使用正式的语言。尤其是我们在写第一封电子邮件时，应该用敬语，以表达礼貌。然后，根据对方的回应确定对方偏好的沟通方式。事实上，这一点适用于所有交流场合。只有在互动双方足够熟悉之后，沟通方式才需要发生变化。

- **明确说明。**若有偏好的私下交流方式，我们需要明确告知对方。并不是每个人对沟通方式的偏好都相同，最好的方法是坦诚相告。若不习惯在晚上或周末使用电子邮件，也应该明确告知对方在非工作时间段不要向你发送电子邮件。

- **简明扼要。**电子邮件的内容要尽量简明扼要，特殊情况除外。在发送未经允许的电子邮件、介绍他人或提出请求时，这一点尤为重要。电子邮件中的个人介绍最好能够辅以细节或有关个人背景的全面信息。正确的做法是正文中的介绍尽可能简短，如果需要做出更多的解释，可以附上有关个人信息的链接。如果要向对方提出请求，又担心无法及时收到回复，可以将需要对方回复的所有问题一次性提出来，但这种做法可能会给对方带来困扰，因此要谨慎使用。我们的建议是，尽量不要在一封电子邮件中提出超过两个问题，如果有更多问题需要提出，第三个问题应该是："您介意我再问几个问题吗？"或者"贵公司还有人能回复我其他相关问题吗？"

- **注意信息安全。**所有通过电子邮件的方式被发送的、存储的内容都将被永久保存。首先，邮件或信息可能被转发，甚至可能被埋没在某些邮箱里、网站上。其次，人们往往无法控制电子信息的存储系统。无论服务器多安全，无论谁在保护数据，任何信息都可能意外地被别人知晓。数据被泄露并最终被公之于众的风险无处不在。因此，我们在网络沟通中要谨慎表达某些贬低他人的言论或传递有关机密的信息。

- **避免表达情绪。**我们应避免经常在电子邮件中表达情绪，就好比在酒精的作用下不惜一切代价表达愤怒和咆哮是不合适的一样。在沮丧和愤怒时发送电子邮件可能给发件人带来很多麻烦。一旦电子邮件的内容被其他同事分享，就可能加剧冲突和烦恼。个人的情绪越极端，就越应该注意避免使用网络沟通工具表达情绪。有效解决冲突的合理方式应该是与他人进行对话或面对面沟通。

- **理性对待双方的交流。** 如果你发出去的邮件没有及时被回复，此时你又不确定怎么做比较合适，我们建议你进行面对面交流。若给对方发送多封电子邮件追问，就好比反复、用力敲别人家的门一样，会令人深恶痛绝。发送短信询问对方是否看过你的电子邮件就好比试图踢开房门去查看对方是否在家一样。我们应谨慎使用这些方法。
- **保持明智。** 有时，我们需要发送内容相同的电子邮件给不同的对象，或者将某些信息抄送通知其他人，例如同事和领导。在需要多人参与某个项目或了解某件事情时，这类邮件是必要的，但是我们不应该过度使用这种方式，否则效果可能适得其反。因为，人们被过量的信息轰炸得越频繁，便越有可能错过或忽视重要的信息。当然，这也因人而异。有些人可能确实想要参与每件事，并收集充分的信息；有些人却只希望在真正必要的时候才成为信息接收者。

午餐时的面谈

面对面交流的效果往往非常显著，因此，永远不要低估午餐的力量。精明的面试官甚至会进行午餐面试。在办公环境中面试，可能会让应聘者感到焦虑。与沉闷的小组面试相比，午餐期间的面试可能会生动、有趣得多。

有人说，这不科学，午餐面试太不规范了，不能替代正常的面试。这种说法是对的。午餐面试只是面试的一种方法，目的仍然是了解应聘者。通过与求职者共进午餐，面试官可以判断对方能否和自己聊得来，对方是否有趣,以及对方对哪个话题更感兴趣。除了事先准备好的问题的答案之外,他们对其他话题有没有能力回应等。午餐吃得越好,面试官可以挖掘的信息就越多。

同时,午餐沟通有助于挖掘求职者的动机,这是正式交流无法做到的。午餐时的谈话可以让话题不仅限于绩效,并对求职者起到激励的效果。绩效评估通常考察的是员工的行为,但是很少调查这些行为背后的原因。如果不是正式的绩效考核谈话,午餐面谈也可以不用特别正式,非正式面谈更有利于关注求职原因、求职者的现状、求职者目前的动机是什么,以及是什么因素影响了求职者的绩效等。午餐期间,人们有更多时间讨论有趣的轶事和愉快的经历,专业的面谈者能够从不同的视角更深入地挖掘对方的动机。例如,你做过的最糟糕的工作是什么?类似的讨论往往能挖掘出员工表现不佳的原因,事实上,那些被无意中描述的和省略的细节都值得思考。午餐可讨论的话题还包括合作伙伴、父母、宠物,以及什么人和事容易对你造成影响等。

建立关系

午餐沟通的目的在于削弱应聘者、雇员的戒心,轻松获得某些通过正式渠道难以获得的信息。但若想如愿以偿,我们在午餐前必须有所准备。例如,要准备好相关问题,要设计开放式的沟通模式。若午餐沟通过程中获取信息的目的性太明显,午餐便会变得索然无味,一旦被对方察觉,甚至可能引起不必要的麻烦。

对大多数人来说,与他人建立一段关系能使个体感到被激励。管理者及时与员工进行沟通,了解员工的愿望和动机,也能让员工产生归属感。例如,若一位资深人士愿意腾出时间与员工交谈,可能会给予员工莫大的信心,甚至比让员工在年度晚会上发表演讲更令其兴奋。

可见，午餐交流有其特有的价值。管理者通过给予员工机会表达想法，用心倾听他们的意见，最终收集到的信息可能会令人惊讶。我们也可以通过使用年度调查和发放问卷的方法收集信息，但是运用这种方法收集到的信息往往并不真实，除非当事者处于非常愤怒的情绪状态下，或者当事人拥有某种优势敢于说真话。

如果让零售店收银员描述工作中遇到的问题，他们可能会知无不言，甚至可以针对每个问题举出 5 个实例，当然，他们也可能会给出相应的解决方案。本书将详细讨论公司不同部门或不同公司的人可能带来的机会。有些级别的员工可能永远没有机会向高层领导坦诚自己的想法。有些公司的人力资源部设计了意见收集箱，这表明其愿意敞开大门接纳所有人的意见和建议。但是，通过这种方式收集到真实信息的案例并不多见。

倾诉

心理学家也称之为"谈话疗法"。只要有人愿意倾听，人们便可以通过倾诉缓解压力，并减少可能出现的消极情绪。如果人们能在处于极端的情绪状态的时候和一位魅力十足的老板共进一顿美好的午餐，或许可以扭转乾坤。

错失的机会

调查或实地考察也是常见的正式沟通方法。

调查是发现问题的机会。以我们在前文中介绍过的国际咖啡零售商为例。公司是多层次金字塔式组织结构，每个层次的员工都需要完成实地考察任务。实地考察的既定目标是保持产品和服务的质量，确保公司正常运作。成功的领导者会将现场考察变成激励员工的途径。

如前文所述，若考察流程不规范、准备不到位，考察的效果可能大相径庭。食物储备过多，第二天就被丢弃；浴室和柜台无比整洁；员工们举止得体、笑容可掬；聘请大量兼职工保证检查当天每位客户都能得到极致的服务。而非考察期间的实际情况可能相差甚远。

再例如，前文已经提到的俄罗斯式的官僚式检查。工厂炫耀他们生产的上千台拖拉机，抛光的外观掩盖了拖拉机没有发动机的事实。虚假的、华而不实的检查及应付方式将使组织错失发现问题的机会，长此以往，将给组织带来难以估量的破坏性影响。员工对组织的幻想将因此破灭，士气更加低落，真正的问题永远无法得到高层的重视，公司的资源被不断浪费，最终影响公司的效率和利润以及未来的发展。

上述现象被称为"错失的机会"。考察期间，高层管理者本可以有很多机会发现问题。但是，帝王般的访问场面、排着队握手的荣光掩盖了真正的问题。因此，我们建议，优秀的管理者应该将考察当作了解一线的发展情况，一线员工如何工作以及他们在想什么的机会。只要展开一次诚实的对话，真正的问题就会暴露出来。

此外，管理者可以将考察当作了解公司运营状况的机会。隐藏的问题就像破洞的窗口一样，若不被改善、解决和修补，负面影响将来会越来越大。虽然得到诚实的答案、了解真实的情况并不像想象中那么容易，但是如果员工提出的问题可以得到有效解决，如果公司的价值观与员工行为相匹配，那么，考察与交流对激发员工的工作动力将非常有帮助。最有效的方法是真诚地关心员工。通过真诚地考察和交流，公司能够传递文化信号，并让员工明白对自己所发现的问题畅所欲言是受鼓励的。

在上述咖啡店的案例中，若问题长期无人关注、得不到解决，这些问题可能会被遗忘，进而促使问题所带来的负面影响不断恶化。再例如，在现实工作中，有很多公司制订了检查计划，下发了检查通知，很多工作人员为此付出大量时间和精力做准备，但是最后的结果可能是，考察不了了之，也可能是检查计划中的大部分检查项目会形同虚设。这种情况将引起团队内部的消极情绪。试想，数十名员工竭尽全力为迎接检查加班加点，希望得到老板的表扬，但是最后老板没来会怎么样？

考察是收集信息、了解问题的机会。有效的考察必须是经过精心准备的，并且需要尽量避免给员工的工作带来不便。如果员工为了应付考察而加班，这类考察就难以得到员工的支持，能够收集到的真实信息也非常有限。我们应该将考察当作真诚交流的机会，有能力改变公司的人参与交流对员工来说是一种激励，这意味着许多悬而未决的问题也许能得到解决。问题始终无法得到解决会严重打击员工的信心。真正解决问题的过程就是一个激励过程，可以成为解决方案的一部分，员工也将更有成就感，因为这表明公司重视他们的专业技能的价值。

绩效评估与定期检查

有关绩效评估的批评一直不绝于耳，因为很少有公司能够把绩效评估做得恰到好处。常见的评估是年度评估，这种评估往往很粗略、枯燥无味、无法准确捕捉到员工真实的表现。

若涉及过多的文字工作或过多的官僚主义检查，定期绩效评估不仅不会起到积极作用，反而会成为员工的负担。但是，科学的绩效评估和定期检查应该是组织激励的重要组成部分，而不应该成为一种负担。我们建议组织内部形成定期交流与沟通的惯例，每个月或每周定期沟通，面向组织未来发展，有效推动问题解决、给予员工激励。

正式的绩效评估周期可能较长，但是定期的沟通和检查周期可以较短，无论是正式的方法还是非正式的检查，都可以被当作绩效评估的组成部分。文件资料的保存和追踪记录也是一项重要的绩效评估工作。但我们并不需要每次检查都填一份很长的表格。例如，经理四处巡视，不时和三四个人交流，不填表格、不打分，这种看似随意却友好的沟通也是一种绩效评估方法。

小组织每周都进行检查并不现实。此时，管理者需要关注绩效管理的核心工作，若关键工作、关键岗位一切顺利，没有危险信号，就不需要频繁检查。与人交谈看起来费时费力，但从长远来看，管理者掌握了处理问题的主导权。如果管理者能发现问题并迅速予以解决，可以为员工节省大量时间和精力，减少员工流动率。可见，有效的沟通也是降低成本、提高效率的方法。

Motivation And Performance

A Guide To Motivating A Diverse Workforce

第 6 章

内在动机

导论

最快乐的职业是什么？医生、银行家、飞行员还是工程师？牧师、艺术家、陶工还是作家？农民、IT 从业者、护士或律师？

诸多文献和媒体都介绍了关于快乐与幸福感的研究和报道，研究的结论几乎总是出人意料。排在首位的并不是薪酬丰厚的工作，往往是那些具有挑战性的、有利于个人成长的工作。这就意味着，人们更看重工作中取得的成果或取得成就时获得的满足感。《卫报》(*Guardian*)的报告显示，建筑工人、牧师、工程师、教师和园丁的工作满意度最高。

福布斯报告了美国最快乐和最不快乐的职业，见表 6-1。

表 6-1　2015 年福布斯评选出的最快乐与最不快乐的工作

排名	最快乐的工作	最不快乐的工作
1	校长	保安
2	行政总厨	业务跟单员
3	信贷专员	销售人员
4	自动化工程师	调度员
5	研究助理	文职人员
6	Oracle 数据库工程师	研究分析师
7	网站开发人员	法律助手
8	业务发展总监	技术支持代理
9	高级软件工程师	卡车司机
10	系统开发人员	客户服务专家

最快乐的职业通常具有一定的独立性、社会贡献度和创造性。满意度最低的职业往往缺乏灵活性和独立性，个人在工作中的贡献度和创造性也比较低。发表在《心理医学》（*Psychological Medicine*）杂志上的一项研究报告表明，医生、牙医、兽医、房地产经纪人、律师和那些从事金融服务业的人患抑郁症的概率和自杀率最高。这是为什么呢？

上述职业整体收入水平较高，可见，人的幸福感的强弱与收入的多少并不成正比。动机上的个体差异可能是更重要的影响幸福感的因素。有趣的是，最令人满意的职业往往是那些看起来不像传统工作的职业。

做这类工作的人是做自己热爱的事情，从事一项令人着迷的事业，这类工作能够使个体施展能力、释放激情。"内在动机"可以解释上述现象。最快乐的工作意味着能激发人们的内在动机，这份工作令人满意，符合从业者的兴趣，能够激发从业者的热情。

什么是好工作

并不是每个人都喜欢自己正在从事的工作，但不可否认，工作是个人获得满足感的源泉之一。玛利亚等心理学家对此进行了诸多研究。例如，为什么工作让人们的心理更健康，为什么工作是有益的？她给出了一份有关好工作的特点的清单。例如，牢固的人际关系、现实的自尊、自我指导和工作效率等。这些因素与内在动机相关，尤其是在职业生涯初期，如果我们能够清楚地知道自己的工作动机，对将来的职业生涯规划和发展将大有裨益。接下来，我们将以入职流程为例，介绍工作对个人健康的积极影响。

有效的入职流程不仅仅包括新员工培训、为新员工适应公司做准备，更重要的是对公司及公司文化的精心规划和介绍。一个经过精心设计的入职流程更能激发新员工工作的动力，更能够让新员工接受、理解和融入组织的文化。可以说，好的入职流程本身就能起到激励的作用。

1. **规律的作息时间**。人类在不知不觉中会形成一些习惯。有些人习惯早起，有些人习惯晚睡。但不管怎样，有规律的作息时间都是大多数人所追求的。当然，人们也可以根据实际情况灵活调整和改变作息时间。工作安排包括对一天、一周甚至更长时间的安排。紊乱的时间管理容易让人失去方向，因为大多数人更习惯寻求一种在自己的掌控范围内的工作模式，喜欢有节奏的生活（如表 6-2a 所示）。因此，员工能够根据情况有节奏地安排工作时间的弹性工作模式的工作往往更有吸引力。表 6-2b 反映了制造业、金融服务业或较传统行业入职流程的时间安排。其他领域，例如技术或销售，因为更注重团队凝聚力、销售目标达成情况等特定的因素，所以在工作时间方面的要求则更灵活。

表 6-2a　规律的作息时间

因素	效果	举例
规律的作息时间	相关人员事先规划好入职时间及入职流程安排，并且做好沟通工作，对突发情况有预案	可以安排正式或非正式的活动
	这将有助于减少不确定性，尤其是当新员工感到紧张的时候。精心设计的入职流程是组织结构、组织内部沟通流程等有效管理系统的体现	正式的安排包括培训，例如学习政策、程序、规章制度、角色和岗位职责等
	如果流程紊乱，说明组织管理和组织系统存在问题	非正式的安排有助于新员工更多地了解同事，例如午餐或集体活动。参见表 6-2b 中的示例

表 6-2b　传统行业入职流程时间安排示例

日期	时间段	待办事项	责任人	工作内容
某年某月某日	9:00—10:00	欢迎早餐	招聘经理	负责新员工介绍，早餐时间非正式的交流和自我介绍
	10:00—11:00	人力资源部相关安排	人力资源经理	介绍公司基本情况、政策和流程，具体介绍有关人力资源部的每个岗位、相应政策
	11:00—12:30	总体介绍	招聘经理	带领新员工参观公司，对不同部门、不同岗位的不同职责进行介绍，对新员工涉及的业务内容进行详细介绍
	12:30—13:30	午餐	—	非正式交流的时间
	13:30—14:30	IT 部门介绍	IT 部门的培训经理	简单介绍公司的 IT 系统、电子邮件使用规范、计算机配置和网络设置情况，获得 IT 部门帮助的方法以及相应的联系方式
	14:30—15:30	活动及挑战		根据新员工的学历等背景情况，设计初始挑战任务。例如，单独或者以小组为单位利用 IT 工具收集信息
	15:30—17:00	非结构化安排，例如个人与导师的交流时间	员工导师	可以和导师进行 15 分钟左右的交流，或者使用计算机登录相关系统，熟悉流程和工具的操作，例如注册 E-mail 地址，熟悉办公系统的账号等
	17:15 以后	茶话会	招聘经理及其他相关人员	这一步可有可无，是非正式的，可以将其安排在非工作时间

2. **共享经验**。大多数人的社交圈都和职场相关。大部分人花在工作上的时间远比花在工作之余的时间要多。与非核心家庭成员接触是个体社会交往的重要组成部分，被社会孤立往往会导致个体产生压力，而家庭是否和睦也会影响个体的心理健康，来自朋友、家人和同事的社会支持可以使个体缓解压力，增强应对挑战的能力。那些拥有强大而多样的社会支持网络的人承受压力的能力更强，并拥有更多的资源来解决问题、应对挑战。人是社会性的动物，工作满意度研究最常涉及的点就是个体是否与他人接触。社会交往有助于改善人们的心理和生理健康，例如与他人共享经验就能带来积极的影响，如表 6-3 所示。

表 6-3　共享经验

因素	效果	举例
共享经验	在非正式的社交场合，为新员工提供与同事共享经验的机会	通过团建活动，将培训成本降至最低，并为团队合作提供更多机会
	包括共享经验、知识、能力以及有关导师等资源的潜在信息	为新员工与老员工提供能进行互动的机会，获得包括来自人力资源、管理层和导师等方面的支持
	建立归属感，赋予新员工工作动力	使新员工的接触面更广，不再仅仅局限于某个部门，从而能为他们提供更多支持，而这可能是同部门的同事无法提供的

3. **提供参与各种活动的机会**。所有的工作都需要个体付出体力和脑力，虽然负荷超重可能会导致个体感到疲劳和产生压力，但是太闲也会导致个体感觉无聊和不安。公司需要满足外向、精力充沛的人的特定工作需求或布置合适的任务来最大化他们的活动量。如表 6-4 所示。

表 6-4　给新员工提供各种活动机会

因素	效果	举例
活动机会	给新员工提供具有挑战性的培训、活动	正式和有组织的培训是入职流程的一部分，挑战和习得新技能的机会也非常重要
	活动或挑战的程度应该与新员工即将入职的岗位相适应，并让他们事先做好相关准备	结合各种培训机会或实践机会来练习新技能
	活动的类型和重点应该与工作具有一致性。例如，如果员工的工作是在办公室完成的，那么户外或者完全脱离办公室的活动可能就不合适	

4.**成长的体验**。即使是不太令人满意的职业也能给人们带来成就感和满足感，因为工作能够赋予人们成长的体验（如表 6-5 所示）。例如，工作离不开人与人之间的合作，能够让人们感觉到被需要。如果不工作，人们感觉到不被依赖或无依靠，便可能感到沮丧，甚至觉得自己一无是处，从而影响个人的成长。

表 6-5　工作赋予的成长体验

因素	效果	举例
成长的体验	新员工入职后需要经历一个适应的过程，未来的不确定性可能让他们对即将参与的工作和扮演的角色感到紧张	设计相关培训，给新员工提供必要的资源和信息，任务的难度可以逐渐升级
	入职培训有助于帮助员工缓解紧张情绪，树立信心，掌握必要的知识和技能以适应新的岗位	所有的培训和挑战都需要具有灵活性和独立性
		为新员工完成挑战提供支持并帮助他们在挑战与任务之间找到平衡。适当地激发员工的自主性，帮助他们适应不同类型的学习节奏

5. **赋予特定的身份和地位**。工作是个体地位的重要象征，因为人们非常重视地位标签，所以在实际工作中关于职位描述的争论一直存在，例如要不要将街道清洁工改称为卫生工程师等。此外，工作不仅会赋予个人地位，还会赋予家庭一定的地位。因此，就业往往会成为家庭与家庭之间进行交往的纽带。失业的人会感到自身的社会地位和身份的丧失，从而导致在失业期间自身的自尊心明显受挫。

具有创造性的活动可以给人们带来满足感。个人对组织或社会的贡献为其与社会之间建立了联系，虽然工作角色并不是衡量人们对社会有用或做出贡献的唯一标准，但是工作确实能够帮助人们获得目标感和效能感。

请永远不要低估头衔的重要性。头衔意味着人们在付出努力的同时获得了工作赋予的荣誉。在一定程度上，头衔能够代表个人的能力和成就，如表 6-6 所示。

表 6-6 工作赋予特定的身份和地位

因素	效果	举例
赋予特定身份和地位	入职流程中应该清晰规定新员工的角色，帮助他们了解其所在岗位的职责的重要性，以便使他们更快地融入组织	有些公司从一开始就会为新员工配备导师
	把新员工介绍给相关同事、合作伙伴或那些能够给他们提供支持的人	与直线经理或培训师相比，导师与新员工的关系没那么正式，但正因为如此，他们才能更方便地提供非正式的建议，更容易向公司的成员介绍新员工的情况，以便新员工获得更多的支持
	举例说明该岗位过去取得过哪些成就，并解释该岗位对公司、客户、股东以及其他利益相关者的价值	

工作的动力

2010 年，丹尼尔·平克（Daniel Pink）出版了名为《驱动力：有关激励的惊人真相》（*Drive: The surprise truth about what motivates us*）的畅销书。此书中的许多观点都是源于德西和瑞安（Ryan LLC）的自激励理论，并指出：过去那种胡萝卜加大棒式的激励方式已经不再奏效。

平克建议，企业应该采用基于自我激励的、更符合现代企业特征的修正创新方法。人类拥有与生俱来的自主激励能力，一旦这种动力被释放，人们的生活就将变得更加丰富多彩。组织在管理人力资本时，应该重点专注这些自驱力，通过创造条件关注员工的内在需求，引导员工自我学习、自主创造，帮助员工通过自我激励完成任务、实现目标。

内在动机有三个因素，包括自主性、成就感和归属感。每个因素都与具体的结果和达成结果的步骤相关，如下所示。

1. **自主性**。企业应为员工提供四个方面的自主权。

- **时间自主**。对于大部分工作来说，最终的结果比花在某件事情上的时间重要得多。因此，以结果为导向的工作环境更关注结果而不是时间，这就需要允许员工自主地安排工作时间，赋予他们更强的灵活性。

- **方法自主**。当员工能完成某项工作且已经具备完成某项工作的能力时，管理者应该允许他们自主完成工作，减少对他们的控制和监督。管理者可以进行必要的、初步的指导，并且应在遵循严格的、既定程序的前提下，赋予他们更大的自主权。

- **团队自主**。包括两个方面：一是允许员工自主选择完成项目的合作伙伴，诸如让员工参与合作伙伴的选拔、面试和评估过程；二是让员工参与某些开源型项目，以便于他们组建自己的团队。

- **任务自主**。让员工自由选择任务。例如，根据员工的专业特长，给予员工自主安排工作时间和工作任务的自由。有些会计师事务所允许员工利用业余时间为低收入者提供税务或财务规划建议，这有利于员工充分发挥自己的能力。这类时间被称为"创造性的空闲时间"。员工在这段时间内可以做自己想做的事，解决自己想解决的问题。有证据表明，许多创新的想法和方案都是在创造性空闲时间中产生的。

2. **成就感 / 认可度**。人们喜欢被认可，认可意味着工作价值得到肯定，因而可以激励员工把工作做得更好，具体方法如下所示。

- **金发姑娘任务**。平克用"金发姑娘任务"来比喻那些既不太难也不太简单的任务。让员工做那些超越其能力的事，可能会让他们感到焦虑；而安排他们做难度太低的事，又会让他们感到无聊。因此，管理者应严格把握任务难度，有序安排工作。

- **提供有掌控感的环境**。四个要素可以营造这样一种学习和发展的环境，它们是：自主性、明确的目标、即时反馈、合适的任务。

3. **归属感**。归属感是内在动机的一部分，是激励员工为实现更高的目标做出更大贡献的动力。组织应该采取措施满足员工尊崇组织愿景、参与团队沟通的渴望。为实现更大的目标做出更有价值的贡献是个体工作的动力源。公司应该做到如下几点。

- **明确目标**。确保员工理解组织目标，而不仅仅是关注利润指标，并且让员工清楚地知道他们各自的角色将如何有助于实现这一目标，从而使他们对自己的工作感到满意。

- **目标最大化和利润最大化同等重要**。研究表明，利润目标的实现对个体的动机不一定会产生积极的影响，反而可能会产生消极的影响。组织应该把组织目标、个人目标和利润目标放到同等重要的位置，许多成功的公司仅仅把利润指标当作实现组织目标和个人目标的催化剂，而不仅仅当作目标来对待。

- **以目标为导向的语言习惯。**公司应该有自己的语言风格，例如更多地用"我们"代替"我"，从而将组织描述成团队合作型的组织，这将激励员工以同样的方式谈论公司，并感到自己是公司的一部分。

工作的能量或精力

有关活力的形容词特别多，包括野心勃勃、兴奋、投入、有抱负、有动力、进取、热情等。当然也有一些关于消极的形容词，例如激进、不耐烦、绝望、大胆和鲁莽等。

活力和消极代表不同的能量。适当引导个体释放能量是激发内在动力的方法。能量是一个非定型、非科学却非常有用的术语。我们可以用三个维度来描述能量，如下所示。

第一是物理维度。与老年人相比，年轻人的精力更充沛；与病人相比，健康人的精力更充沛；与睡眠不足的人相比，睡眠好的人的精力更充沛。当一个人没有能力将自己的精力用于工作时，其生理机能可能会受到限制。营养不良、睡眠不足、身材走样都可能损耗个体的精力。

身体能量和幸福不仅仅是有关健康的问题。感冒、流感、疼痛、失眠、身体不适等都可能损耗人们的精力；心理健康和身体健康同等重要，这也是人们最有潜力改善的领域之一。公司可以通过改善员工的心理健康进一步减少旷工率，提高生产效率。

第二是心理维度。对于这一点，人们的看法颇有争议。弗洛伊德学派定义了一种精神能量，即一种驱使人们探索未知并为之努力的力量。例如，无意识的性欲可能会迫使人们做出非理性的甚至是怪异的行为。伪科学从更抽象的角度来谈能量问题，认为能量涉及智力、个性、动机、价值观和情商的非常有用的心理结构。

人格特质与心理能量有关。外向的人看起来更加专注，在社交活动中充满活力，但他们也更容易冲动和不耐烦。内向的人在社交场合可能看起来毫无生趣，但独处时，他们可能会感到活力满满。内向者激情的导火线要比外向者长得多，但若这个导火索一旦被点燃，他们的注意力和能量是不容小觑的，哪怕是外向的同事认为索然无味的事，他们做起来也会非常专注。神经质的人经常把能量浪费在不相关和凭空想象出来的事情上，容易因为小事变得焦虑，然后抑郁。他们可能会因为一些不相关的事感到紧张，因此要消耗更多能量和精力来对抗这些额外的干扰，从而缺乏精力去做真正重要的事情。矛盾的是，他们往往会思考更多，因而也更加忧虑。

与高绩效相关的品质是责任心。认真且负责的员工往往是更善于自我激励和成就导向型的人，并且更加独立、更富有团队精神。责任心是个体完成任务时必备的能量，它能够引导员工自我激励、自我管理，并有能量去承担更重要的工作。

第三是智力维度。聪明的人更智慧，好奇心更强，对新体验的态度更包容、更开放，因而更能有效利用资源。事实上，智力的本质就是高效的大脑处理能力。

综上所述，有三个非常重要的概念可以帮助人们获得动力、提高绩效、激发潜能，它们是：健康；责任心；智慧。这三个因素可以影响一个人的潜在成就水平。

心流

精力和工作投入程度是一个老生常谈的话题。1990 年，契克森米哈（Csikszentmihalyi）出版了一本名为《心流》（*Flow*）的著作，他通过与具有创造性的成功人士进行访谈，探索了他们获得成功的秘诀。书中的成功人士来自各行各业，从事着各种职业，包括钢琴家、登山者等。

这本书所研究的问题并不特别，访谈中问得最多的问题是"是什么促使他取得了成功呢？"这本书的观点也并不令人惊讶：当人们热爱自己所做的事情时，他们的状态才会最佳。

但是，这本书的研究方法非常新颖，作者以独特的、有趣的方式证明了一个众所周知的道理。这种方法叫作"经验抽样"。所有被试都带着一个寻呼机（该研究于 20 世纪 80 年代得以实施），寻呼机每天会响 8 次（一种报警声）。警报一响，被试就需要立即写下当时他正在做什么、感受如何。

研究表明，当他们不被警报打扰，全神贯注于完成一些富有挑战性的任务时，他们的感觉最好。在这个"心流"过程中，他们忘记了实践，并感到更有能力、更自信，即使这些任务具有挑战性，但挑战反而意味着激励、一种内在的激励。心流是对全神贯注的诠释。心流可以消除个体的沮丧感；分心则容易让人沮丧。那么，心流的先决条件是什么呢？

契克森米哈认为以下因素与心流体验相关。

1. **明确的目标**。任务的目标和完成任务的规则非常明确，目标的设定与个人的能力相匹配，虽然具有一定的挑战性，对员工的技能水平要求也比较高，但通过努力可以实现。

2. **注意力集中**。高度集中的注意力。

3. **自我意识丧失，行动与意识融合。**

4. **超时间感**。此时，个体对时间的主观体验已经改变。

5. **直接、即时的反馈**。成功和失败都是可能的，但人们可以根据情况调整行为。

6. **能力与挑战相符**。挑战不太难，也不太容易。

7. **个体对形势和任务的掌控感。**

8. **完成任务的过程就是回报**。因为挑战者享受完成挑战的过程，因此他们不需要耗费精力来对抗挑战。

9. **超身体感**。在某种情况下，人们可能会无意识地感到饥饿和疲乏，但是这些挑战者不会。

10. **专注于行动**。意识的焦点集中于行动本身，行动与意识自然融合。

有学者认为心流是激情引发的。因此，要想在工作中体验到心流，人们必须具备相应的能力，有明确的目标，并且对圆满完成目标抱有合理的期望和一定的专注力，能得到定期的、具体的反馈。

人们在工作中获得极大满足感时的心流是可以被观察到的。工匠、陶工、画家、文书、织工、设计师等能根据自己的能力、按照自己的节奏工作，因而容易拥有心流体验。还有一些职业如医生、老师和软件开发人员等，当从事这些职业的人全神贯注于工作时，也能产生高水平的心流。他们的身份和能力以及产出结果都是促使心流产生的原因。

如何培养激情、积蓄能量、提高工作效能

大量证据表明，具有内在动力、热情的人更容易产生心流。这类人往往更有活力、更能体验到幸福感。

组织要关注的是如何选择合适的人，采用合适的管理风格，打造合适

的组织文化，帮助员工实现动力最大化。有关内在动机、激情和心流的文献都提出了类似的观点。以下是几个关键词。

- **挑战**。由员工和主管共同决定目标，目标要基于公司战略制定，要有挑战性和难度；难度要适中，包括长期目标和短期目标。人们在完成有意义的目标时，往往更有动力。因此，目标的设定特别重要，组织应该实时关注目标，并及时给予反馈，让员工知道自己正在做什么、进度如何。
- **好奇心**。能够激发员工的兴趣、吸引员工注意力的目标是最好的目标。创新、变化和挑战都可能激发好奇心。满足员工的好奇心，可以让员工在工作时感觉更加充实。
- **控制**。给予员工自主选择权。即使是获得临时的领导权，员工的参与感也会提升。让员工参与管理，还有利于他们重新认识自我。另一方面，人们在工作中需要有掌控感。自主选择权是回报员工的一种方式，有利于提升员工的掌控感。
- **贡献**。大多数人都愿意成为对工作有用的人，愿意从事有意义的工作，愿意通过付出努力为他人谋得福利。这种由工作带来的奉献感、自豪感代表员工的能力，也代表他们自己创造了价值。
- **乐趣与幻想**。可以用游戏的方式开展相关培训，激发员工的想象力，增强工作和学习的趣味性。
- **竞争**。对员工的绩效予以比较会营造出竞争的氛围，但这不是目的。比较绩效的目的是反馈，让员工知道目前的工作成效如何、问题在哪里，以及自己积累了哪些方面的经验。同时，管理者需要让员工知道，拒绝合作可能会引发消极的后果。
- **合作**。公司内部构建自组织型团队，鼓励团队通过合作实现目标。事实上，人们不仅仅喜欢被帮助，还喜欢帮助他人，被需要也是一种内在动力。不仅如此，合作能够增强员工的人际交往能力。

- **认可**。对员工出色的工作给予认可和赞扬。在可能的情况下，公开认可员工，并赋予这种认可一定的仪式感。

金钱、外在与内在动机

直到现在，赫茨伯格的双因素理论仍然是被广泛认可和接受的激励理论。外在的激励因素更容易让人感到满意或不满意。尤其是金钱，它的消极作用大于激励，它既是"魔法师"，又是"除魔师"。

双因素理论的基本观点是激励因素和导致员工不满的因素是不同的。那些阻碍和干扰动机的因素可能会改变人们的行为。值得注意的是，人们很容易被各种因素影响。

有关激励的永恒话题是金钱。金钱对激励普通员工具有魔术般的作用。有的经济学家甚至认为金钱是唯一有力的动力。事实上，金钱只是外在动机的一部分，工作安全感、满意的工作环境和人性化的制度等也是激励员工的因素。试着思考下述问题：1 000英镑和一周的额外假期，你更喜欢哪个？ 10 000英镑和一个新的职位以及一辈子的工作保障呢？100 000万英镑和一份有意义的、本质上令人满意的工作呢？换句话说，如果人们需要在金钱和其他激励因素之间做选择，金钱的激励作用可能会减弱。

如果金钱确实是工作中强大的动力或满足感的源泉，但许多研究都证实了财富和幸福感并没有必然的联系，为什么呢？有四个理由可以对此做出解释，如下所示。

- **适应性**。虽然每个人遇到涨工资、发意外之财后都可能感到更快乐，但是人们很快就会适应这种情况，而这种快乐会很快消失。

- **比较**。人们常会通过与他人进行比较来定义自己的富有。随着财富的增加，人们可能会进入更高层的圈子，而那个圈子中总是有人比他们更加富有。

- **替代品**。正如经济学家所言，货币的边际效用呈下降趋势。这意味着，当一个人拥有更多金钱时，其他事物如友谊、自由等就会显得更有价值。

- **担忧**。收入的增加往往会让人们关注更高层次的需求，如自我发展等。这可能是因为金钱与命运的掌控感有关。

金钱并不总是能带来幸福。拥有 1 000 万英镑的人也许不会比拥有 900 万英镑的人更幸福。金钱的确是激励因素，但是它仅仅在短期内具有激励作用，或者对某些员工的激励作用大于对另外一些人的激励作用。很多情况下，过度的金钱激励还可能降低团队的士气。心理学家认为，金钱只是众多动机之一。在体育运动领域中一项有关金钱激励的研究表明，最大的奖励并不总是能带来最强烈的幸福感。例如，那些赢得奖牌的奥林匹克运动员站在职业生涯的巅峰与世界顶尖级的选手同台竞技并赢得奖牌，这种终极的成就感能带来更大的幸福感吗？奖牌有三种——金牌、银牌和铜牌。如果金牌代表最高成就，铜牌代表最低成就，那么，与之匹配的幸福感的强度是否一致呢？事实上并非如此，满足感与金钱的联系并不大。满足感和奖牌的关系如下所示。

1. 最满意：铜牌

2. 满意：金牌

3. 最不满意：银牌

为什么铜牌得主反而最满意呢？排名最高并不意味着能获得最多的满足感，而铜牌得主思考问题的角度是：他战胜了排名第四的选手，在领奖台上赢得了一个位置，他击败了所有跑得较慢的、表现不如他的选手。通常，短短几秒的时间却能决定运动员能否获得荣誉以及上台领奖的机会。因此，铜牌得主的满意度最高，这意味着将来他还有机会争取金牌和银牌。

从专业的角度讲，银牌得主的表现好过铜牌得主，但是他们的满意度最低。相比之下，银牌获得者可能比铜牌获得者更快乐，却不一定更满足，因为他们的目标往往是金牌，他们可能就因为比对手慢了几毫秒而与金牌失之交臂，他们会因此而失望，这种与金牌得主的社会比较及失落感降低了他们的满足感。

当然，金牌得主应该是满意的。但是大多数处于最高位置的人往往知道，所谓高处不胜寒，当他们占据最高位时，恐惧感也会迅速蔓延。没有比金牌更高的奖项了，所以，金牌也不可避免地给他们带来了负担，因为他们明白终究会有人超过自己。

同样的道理也适用于职场。我们往往容易高估金钱的重要性。关于薪酬的研究表明，金钱并不能真正增强人们的幸福感，只有当缺钱成为个体的压力来源时，缺钱才会导致幸福感降低。发生这种情况的原因有两个，如下所述。

第一，当个人或家庭不能维持正常开销，例如缺乏食物、衣服、住房或基本生活费用时，钱是重要的。而超出能满足基本需求的收入水平对幸福感的长期影响很小。第二，当人们在经济上透支时，钱是重要的。如果支出远远大于收入，哪怕每年收入百万英镑也不会让人们感到满意。事实上，与更多消费相关的快乐和满足感总是短暂的。更大的房子、更昂贵的汽车和更昂贵的服装都能使人们产生短暂的兴奋感，但是无法为人们带来长期的满足感。金钱只在一定条件下影响人们的幸福感。花更少的钱或挣更少的钱都不会引发个体的不满，而花更多的钱或挣更多的钱都只会带来短暂的快乐。这就类似于药物适应性一样，一旦人们习惯了现有的收入水平，很快就会将现有收入变成新的标准，只有现有收入水平上的变化才会引发情感反应。

金钱买不到友谊，也不能消除人们的烦恼，而只能在一定程度上改变人们的生活。有一种常见的心理逻辑错觉叫作"环境错觉"，即我在这里不快乐，如果换个环境，我会很快乐。例如，若你试图通过和自己的另一半去度假来挽救一段失败的感情，你会发现，在异国他乡，你们同样会争吵，换个环境并不能解决实质性的问题。

综上所述，金钱的激励作用是短暂的，并且金钱对幸福感的影响非常小。"没有钱也能幸福"这样的说法虽然有些牵强，但当人们获得了适度的收入后，金钱之外的其他因素的影响力确实会显著增强，有六个理由可以对此做出解释，如下所示。

1. **薪酬的激励作用有限**。虽然减薪会让人失去动力，但是几乎没有证据表明，加薪除了能产生短暂的激励效果外，还有其他作用。赫茨伯格、莫斯那和斯奈德曼在半个世纪以前就证实了这一点。钱太少会令人不满，但是更多的钱也不一定会带来满足感，更不用说产生更大的激励作用了。

2. **奖励可能会引发被惩罚感**。奖励必须能满足人们的需求。如果管理者希望通过奖金操控下属，那么，提前发放奖金可能会被员工视作一种惩罚。

3. **奖励可能会导致关系破裂**。奖励可能会导致人们相互对立。当人们互相争夺奖励时，可能会产生各种各样的负面情绪，这将威胁到团队合作。

4. **奖励可以形式多样**。虽然给员工发奖金是最简单、省事的激励方式，但是公司也可以用其他激励方式代替物质性的奖励。例如，为员工提供有价值的反馈、社会支持和自主权等。

5. **奖励可能会影响绩效**。为了奖励而工作的人可能会试图将挑战难度降到最低。若完成更低的目标也可以得到奖励，那么人们可能会降低目标标准。显然，更低的目标更容易实现。

6. **奖励会削弱兴趣**。外部的激励很难使员工对工作产生真正的兴趣。管理者越是强调工作的好处，员工越有可能对工作失去兴趣。

小结

外在动机和内在动机并不是激励因素的两个极端，而是两个不同的激励因素。大多数人在工作中都拥有内在动机和外在动机，所有工作动机都是这两个因素的结合。有些人在选择工作时会在喜欢和虽不喜欢但回报丰厚（如工资、养老金、津贴或假期等）两者之间进行权衡。

高薪教授突然放弃高薪去做自己喜欢的事，这类案例并不罕见。在这种情况下，金钱并不是激励因素，而仅仅是工具，是一种有助于追求理想和激发内在动机的工具。当人们可以自由地用外在激励换取内在激情时，大多数人都会想方设法抓住这个机会，并发出类似于"生命太短暂了""为了钱，不值得"这样的感叹。放弃高薪并没有影响他们的幸福感。这或许是因为他们曾经赚到了足够多的钱，因而有条件做他们真正喜欢的、对他们而言更有意义的事情。因此，哪怕没有高薪，哪怕做着同样的工作，他们也将更有动力。此类动机是内在动机。

Motivation And Performance

A Guide To Motivating A Diverse Workforce

第 7 章

工作敬业度、组织健康
与组织文化

导论

激励很重要，但是只有激励是远远不够的。有效落实政策、拥有强大的企业文化等都有利于企业实现目标和发展。激励员工、重视员工价值、奖励员工、关注员工工作满意度都是企业在管理过程中不能忽略的环节。

员工的敬业度也称作"士气"。"敬业度"目前已经变成管理领域的专业术语之一，它从名词变成了动词，并且有多种解释，达到 14 种之多。例如，参与会议是一种敬业；参与对话是一种敬业；让客户试用新产品、忍受垃圾邮件也都是敬业。

工作敬业度与工作成果密切相关，具有建设性，是衡量个人幸福感的一种标准，与组织健康等概念相关。工作敬业度高意味着即使在功能失调的团队中，个体也可能拥有较高的幸福感；工作敬业度低则意味着即使在高效的、功能性强的、健康的团队中，个体也可能拥有较低的参与度。

哈尔博格和萧费利是"工作敬业度"这一概念的提出者，他们将之与"工作倦怠"进行了对比。工作倦怠指的是工作带来的负面影响，包括令人窒息的、令人扫兴的担忧等情绪。工作倦怠可能会扼杀工作动机，从而导致个体产生负面情绪和变得愤世嫉俗。"工作倦怠"的概念最早出现于 20 世纪 70 年代，当时的心理学家们致力于寻找能消除人们的倦怠感的心理学方法。

萧费利和他的同事们参考了将近 6 000 份文献（包括著作、论文等），他们在寻找解决工作倦怠的办法的过程中提出了"工作敬业度"的概念。他们认为，工作敬业度是一种最佳的工作状态，其特征是充满活力、愿意奉献和高度专注。高度敬业的人在工作中更容易精力充沛并体验到满足感。

低工作敬业度与糟糕的结果直接相关。那些不太敬业的人离职率更高，更可能玩世不恭，产生对组织的负面看法，对组织的忠诚度下降，并产生精疲力竭、抑郁等身体和心理方面的问题。高工作敬业度与绩效和生产率成正比。

研究表明，在当前的时代背景下，人们的工作敬业度仍然有很大的提升空间。英国的一项有关职场工作敬业度的研究表明，只有少数员工是投入的、敬业的。国际标准化组织 ISO 对 10 个发达经济体的 16 万名员工进行了跨国研究。研究表明，美国和巴西的员工的敬业度最高（75%），法国最低（59%）。2014 年，罗伯茨的报告显示，在英国，只有 37% 的员工认为公司鼓励创新，三分之一的员工认为自己的人际关系不佳，49% 的员工觉得工作有价值。这就意味着，员工的工作敬业度和工作状态有很大的提升空间。

员工的工作敬业度与公司的盈利能力直接相关。奥特发现，员工工作敬业度越高，上市公司的每股收益就越高。高敬业度有利于改善工作绩效，有效提升品牌知名度、生产率及利润率。低敬业度与负面结果直接相关。研究表明，由于 25% 的企业员工具有较低的员工敬业度导致员工流动率增加了 35% ~ 51%，库存损耗率提高了 51%，工作场所事故率增加了 62%。

绩效错觉：与现实脱轨

有些雇主不太重视员工的个人生活和专业成就，除非员工个人的成就与公司的业绩相关。但是，优秀的管理者必须知道，无论在困难时期还是在业务繁忙时期，对员工给予支持都是有价值的。

支持经常被视为雪中送炭，这无可厚非。有关社会支持网络的研究表明，那些能够得到支持的人知道该向谁求助，知道谁的肩膀可以依靠，因而更有可能度过困难时期。大多数人也承认，当自己的好朋友面临危机、紧急情况或非常困难的情况时，他们也做好了随时以任何方式支持他们的准备。即使不需要真的求助于人，这对处于困难期的人来说，也是值得欣慰的。

那么，在成功的时候情况如何呢？人们普遍认为，员工在失败时需要支持，但是获得成功的员工由于具有独立性、专业度和能力，因此，可能不需要支持。情况是否如此呢？

彼得原理指出：人们期望被提拔到自己无法胜任的岗位，这表明雇主通常会根据员工当前的表现而非他们未来适应新职位的能力和潜力做出是否晋升某个员工的决定。因此，这样的提拔往往意味着管理失效。人们普遍认为，如果你是团队或部门中表现最好的专家，那么你就应该被提拔为管理者。因此，一名表现优异的员工从执行岗位晋升到管理岗位是常见的现象。在这个过程中，人们很容易忽略自己被提拔后可能遇到的挑战和困难。那些花费数年精力和心血掌握了一种专业技能的人并不总是愿意或并不总是能够在不熟悉的工作中运用这种技能。也就是说，并不是所有人都适合成为领导者。最好的护士不一定是最好的经理，最好的老师不一定是最好的班主任。从本质上来说，领导力完全不同于掌握特定技能工作的能力。事实上，如果没有适当的培训、准备和职业生涯规划，盲目的晋升和提拔反而可能使优秀人才失去动力，使工作脱离原本的轨道，进而引发事与愿违的情况。

　　问题的根源在于糟糕的职业生涯规划和糟糕的职业通道设计。对于许多专业岗位而言，具备专业知识和能力的人才能胜任，胜任感就意味着动力。一组来自医院的研究数据表明，医生的工作具有极强的挑战性，需要大量时间、精力，还需要非常专业的知识和很强的能力。即使在非常艰难的环境下，医生的敬业度也非常高。因为专业，所以能胜任。因为能胜任，所以医生充满了活力。他们充分理解工作的意义和目的，并且享受其中。

　　这就意味着，富有挑战性、有趣味且有回报的工作会令人产生投入感。这种投入感也称作"心流"。当工作令人愉快和满意时，心流便产生了。活动和任务本身就是一种激励，这属于内在的激励。工作的挑战性足以引发人们的兴趣，让人们忘记时间的流逝，并且变得更加自信。

　　优秀的专业人才必须得到提拔的观点源于一种集体错觉。这种错觉意味着，管理岗位是一个更好、更重要的岗位，被提拔到管理岗位意味着对个体的优秀绩效的一种奖励。

　　这种谬论在很长一段时间内被渲染和接纳，但是一个人能在管理岗位走多远呢？很有可能直到 20 年后，这些管理者才真正意识到，令他们真正感到快乐的是工作本身带给他们的成就感，而不是监督和管理别人。

　　提拔员工是提升员工敬业度的方式之一，但不是唯一的方式。有些人喜欢管理工作，而有些人可能更擅长优化自己的专业技能。

　　我们可以将允许员工在家办公视作一种激励手段。许多人幻想成为老板，拥有自己的公司，拥有自由工作的时间，可以自主选择是否在家工作，他们希冀在家工作能够使自己更投入。但实际情况并非如此简单。对某些人来说，在家工作能够解决问题；对另一些人来说，在家工作可能会引发更多问题。

在家办公的注意事项

工作是一种行为，而不仅仅涉及工作场所。大多数工作可以在任何地方完成，但是不同的工作伙伴、不同的环境对人们的健康、幸福和工作效率的影响是不同的。不同的城市、街区和办公地点可能会影响人们在生活中做出的其他决定。例如，上班走哪条路、在社区待了多长时间、上班或回家的路上在哪里停留，这些因素是在家工作的人不需要考虑的。

不是每个人都在办公室工作，也不是每个人都需要在办公室工作。在工作中的沟通渠道有很多种，成为职场的一员但是不到办公室打卡是可行的。互联网技术的进步使在家工作的人数逐年增加。据统计，在家办公的员工比例已经从 1998 年的 11.1%（290 万）上升到 2014 年的 13.9%（420 万）。

乐观论者认为在家办公的好处有很多，例如：

1. 减少通勤时间和压力；
2. 获得更大的工作自主权和灵活性；
3. 有效平衡工作和生活，更自由地照顾父母、残障人士，以及家中的老人或患者等；
4. 扩大人才库规模；
5. 不受办公环境的干扰，在家里更安静。

悲观论者也支持在家办公，但是他们的理由是与经济利益有关的。例如，在家办公的人为公司节约了工位等方面的成本。在家办公的弊端在于，在非办公时间也必须处理问题，甚至在假期也没有喘息的机会，哪怕是在国外度假，也必须随时处理工作。有 Wi-Fi 的任何地方都可以成为工作场所。电子邮件对现代人来说是一种负担，甚至可能会引发人们的消极情绪。在家办公的人也有可能会被电子邮件"轰炸"。

当然，在家办公对有些人来说是积极的，其中的原因各不相同。但是，在家办公并不总是意味着可以躺在浴缸里开电话会议，可以睡懒觉，可以想什么时候工作就什么时候工作。接下来，我们将讨论关于在家办公的 12 个问题。

1. **费用与成本**。在办公室，所有相关账单由公司支付，那么在家办公的费用该由谁来支付呢？没有了 IT 部、维修部，没有乐于助人的同事帮忙倒茶、递资料，人力资源部无法帮忙解决问题，财务部也无暇顾及如何简化在家办公的员工的账单和工资支票。为了节省时间，在家办公者可能不得不雇用一位助理。

2. **健康与安全**。家里的环境与办公室的环境截然不同，家里的座椅可能不符合人体工程学原理。如果员工在工作时跌倒或自我伤害，保险责任如何评判？

3. **组织文化**。将企业文化从办公室转移到家庭是非常困难的。那么企业是否应该要求所有员工都必须在办公室待一段时间，有机会和同事相处呢？这种弹性工作制能否成为企业文化的一部分呢？

4. **绩效监督**。虽然某些职业的绩效比较容易衡量，科技的发展也使远程监督变得更加容易，但是某些职业的绩效仍然难以衡量。有两种方法可以解决这个难题，一是结果导向的绩效评估，二是目标要明确、合理而且可衡量。

5. **学习机会**。办公空间给人们提供了互相交流和学习的机会，人们可以在获得成功和犯错的过程中不断学习。在家办公使个体与公司及同事的接触机会减少，因而有可能使其错失许多学习的机会。

6. **沟通**。灵活的工作时间可能会使公司员工拥有不同的工作时间表。一方面，在家办公确实有利于平衡员工的工作与生活，但是如果在工作时间内老板与员工沟通不畅，可能会让双方都感到沮丧。因此，老板如果需要安排员工在家办公，至少需要制定一些相应的指导政策和制度以确保双方能有效地沟通。此外，与面对面交流相比，线上交流的作用是微妙的。线上沟通时双方无法看到对方的表情和情绪状态，这将容易引发误解和冲突，从而让情况变得更糟。

7. **排斥**。无论如何，远距离沟通会使员工之间产生疏离感。通常情况下，绩效显著的员工才可能获得升职和加薪机会，如果在家办公的员工的绩效不为人知，他们就不太可能获得认可和奖励。

8. **来自家人或朋友的打扰**。在家办公的人可能会被孩子分散注意力，也可能因为家庭成员等因素导致其不得不利用重要的工作时间处理琐事，而朋友、家人和邻居却往往会认为，在家的你是可以被打扰的。他们也可能知道你是在家办公，但是他们无法理解为什么你不能抽出一点时间休息和聊天。

9. **给家人、朋友造成负担**。有人一起商量工作上的事情是幸福的、必要的，在家办公就失去了与同事商量如何开展工作的机会，因而有可能导致在家办公者转而向家人或朋友求助。但是，哪怕是最具有同情心的配偶，可能也不愿意成为支持你在家办公的咨询顾问。

10. **移动工作**。虽然随时随地都能处于工作状态的能力是人力资本的一部分，但是在公共场所办公可能会制造麻烦。忙碌的工作可能会导致你以自我为中心，从而使你毫无顾忌地将公共场所当作工作场所。例如，在火车车厢里大声讨论工作可能会对其他人造成干扰。流动员工的工作安全风险也会增大。例如，在机场、火车车厢或咖啡店里使用存有公司机密数据的笔记本电脑、手机或移动硬盘等，会增加信息泄露的风险。

11. **打破工作与家庭的平衡**。在家办公可能会有利于平衡工作与生活，但也有可能给这种平衡带来威胁。在家办公者可能会习惯性地不断检查电子邮件等进而导致工作过度；同事、客户和主管也可能在非办公时间打扰在家办公者，从而使这种平衡被打破。

12. **动机**。有些人喜欢在家办公，他们认为这样可以更自主同时效率也会更高。但是有些人却发现，在家办公反而可能会因为被其他因素干扰而造成拖延。所以，并不是每个人都适合在家办公。

在家办公意味着没有机会参加同事的生日派对，没有机会和同事一起吃午餐时愉快地聊天。下班以后和同事一起聚餐，一起喝咖啡的时光是值得怀念的。在家办公的人可能要承担额外的家务。例如，整理衣柜、把没穿破的衣服捐给慈善机构等，甚至有可能需要花一个下午的时间研究哪些慈善机构更合适。这些家务活可能会导致个体一直拖延到工作截止期限的前一天才能完成迫在眉睫的工作。因此，在家办公并不适合所有人，公司如果允许这样灵活的工作安排，就需要给予员工相应的支持和设定限制，以便帮助其提高工作敬业度和工作效率。

在家办公也并不总是被动的。人们可以做很多事来改善在家办公的工作环境。例如，可以加入某些俱乐部或同行业、同岗位的圈子，进而获得他人的建议、社会支持和学习机会；可以定期通过与同事见面获得理解与支持。总之，在家办公不仅意味着个体可以灵活地安排工作时间，还意味着个体需要使用不同的生活方式和自我管理方式。对某些人来说，在家办公可能益处多多；而对另一些人来说，则可能并不尽然。

瑞安公司的案例：完全的灵活性

我们将介绍一个在家办公的成功案例。

案例研究：瑞安公司

瑞安是一家跨国税务服务公司，主营税收咨询、信贷、税收流程改进和优化、税收上诉、合规税收等业务。瑞安采用的是弹性工作制，公司拥有超过 2 000 名员工。每个团队有自己的工作时间表，没有统一的办公时间，也没有办公考勤的规则，员工可以在任何地方工作。员工的工作绩效完全取决于工作结果，他们可以灵活安排自己的工作时间，但是必须遵循 3C 原则：

- 沟通（Communication）；
- 协作（Collaboration）；
- 思考（Consideration）。

弹性工作制不应该以牺牲同事、客户或主管的关系为代价。沟通有利于确保所有员工都清楚地了解项目、绩效、工作时间表等至关重要的信息。在采用弹性工作制时，公司需要遵守六个核心原则：

- 关注结果而非时间；
- 允许员工灵活地安排工作时间和地点；
- 减少浪费时间和金钱的活动；
- 员工要相互协作、互相支持；
- 员工在不会使自己产生内疚感的工作环境中能够茁壮成长；
- 员工有在工作和生活中获得成功的自由。

这些原则听起来简单，但做起来难，而瑞安却一直在遵守，并将这些原则内化为独特的价值观和文化。

首先，他们采用最佳绩效管理系统模型，通过运用客户关系管理系统（CRM）集中跟踪客户信息，并在员工关系的各个阶段（从入职到离职）推动行业领先的方法和政策的落地。

其次，瑞安的政策和文化也被交口称赞。瑞安经常被加拿大、美国、荷兰等世界各地的媒体评为"最佳雇主"。2016 年，《财富》杂志评价瑞安为"最具灵活性的公司之一"。瑞安的 90% 的员工采用远程办公的方式，100% 的员工采用弹性工作制，这足以说明瑞安的工作制度有较强的灵活性。

最后，员工忠诚度高。瑞安的员工流动率为 10%。而类似的专业服务行业的公司平均员工流动率为 27.8%。即使粗略估计，较低的离职率能使像瑞安这样拥有 2 000 名员工的公司每年节省 350 万美元的成本。

案例小结

瑞安的模型并不是普遍适用的，灵活的工作制度适合对技能水平要求高的工作岗位。即使在瑞安内部，员工个人的弹性工作时间也存在很大差异。有些人仍然喜欢和同事一起工作，喜欢到办公室办公。他们喜欢生活在人群中，喜欢能感受到自己是团队的一员，这类人往往具有亲和性动机。他们认为办公环境更具激励性，而在家办公可能会使他们的工作效率降低。

另外一些人则喜欢在家办公的灵活性和独立性，这类人往往具有自主性动机。有些人喜欢享受在家办公的舒适感和轻松感，这类人可能具有条件动机。灵活的工作环境确实为员工提供了工作自由，瑞安也因此被评为"加拿大最适合女性工作的企业之一"，位列前五。

动机没有对错之分，只是不同的人有不同的偏好而已。弹性工作制的好处在于，每个人都能从中受益。

组织文化

工作敬业度与个人幸福感相关，组织文化则会影响公司层面的幸福感。组织文化影响个人动机。诚实、坦诚沟通的组织文化更有创新力，分散的组织文化则可能会削弱管理行为的有效性；当公司的组织文化是值得信任的、有道德的时候，公司的整体绩效会更高。

例如，医院的组织文化通常是危机驱动型的。每个人都在危机中奔波，许多人在紧张的环境下长时间工作，不管每个人多么努力，生命存在威胁的情况也随时有可能发生。而谷歌等科技公司可能崇尚充满想象力的、轻松的、友好的而且有趣的组织文化。即使是在管理设计方面放任自流的公司，每位员工都可以营造自己的工作环境，每位经理都可以灵活打造自己团队的文化等，其组织文化也会受到每名员工、每个团队的影响。员工之间相互竞争的环境可能会创造出竞争、进取或者更激烈的组织文化。

组织文化是指关于可接受行为的共同假设，这意味着：

> **组织政策**是组织行为的书面标准；
> **组织文化**是未被书面化的却被众所周知的、可接受的标准。

文化和政策之间可能会有重叠，因为政策也是影响组织文化的工具之一。例如，如果一家公司有一个不成文但是众所周知的标准：性骚扰行为不会被报道，相关人员也不会被惩罚，那么，这一点将成为该公司组织文化的一部分。为了与这种文化做斗争，公司内部可以制定零容忍政策，明确规定在工作场所进行性骚扰的后果，并辅以一系列的政策、程序和支助等。

理解组织文化对正确制定组织政策至关重要。仍以性骚扰为例。如果性骚扰是公司文化的一部分，那么，哪怕制定了相应的政策，性骚扰也可能被容忍和忽视，而且如果关于性骚扰的投诉总是被忽视，甚至受害者因为举报等行为遭到指责，那么这种文化就会被固化。改变则意味着需要付出额外的努力、采取额外的行动来对抗这种行为，并明确表示性骚扰将不会被容忍。公司可以鼓励员工通过匿名的、独立的第三方热线来举报虐待行为，并提供专业的咨询师和调解员来给予有针对性的建议等。如果不采取实际的行动，负面的行为很难被改变。不作为和不关注往往是有毒文化的温床。

不仅仅是公司，行业也可以有自己的文化。某位金融服务公司的 CEO 认为，2008 年的银行危机和次贷危机是由金融业的贪婪和疏忽的文化所致的。虽然并不是该行业的所有公司、所有人都拥有这样的文化，但是不可否认，行业文化对行业内部的公司、个人都会产生影响。

企业应该自上而下地塑造组织文化。具有建设性的、健康的组织文化是由最高层塑造的，因此真正的组织文化与领导力紧密相连。疏忽大意的领导者可能会创造出忽视型的组织文化。但是，如果希冀价值观被整个组织接纳，领导者则需要随时随地关注组织动态。如果没有落实组织文化的机制，再宏伟的梦想和令人钦佩的价值观都会变成一句空话。

有一个简单易行的办法可以评估一家公司的组织文化，即邀请员工制定有关公司内可以接受的、没有正式书面政策规范的行为列表。测评的方法可以是定性的也可以是定量的。读者可以参考下面这份清单，思考哪些是贵公司政策中没有规定但是却被鼓励和接纳的行为：

- 做慈善；
- 追求利润；
- 帮助同事；
- 饮酒；
- 流言蜚语；
- 长时间工作；

- 分享信息；

- 保密行为。

组织健康

　　组织文化的基础是组织内部的经验，人们对组织文化的评价和描述各不相同，我们无法用正确或者不正确来形容任何一种组织文化。组织健康是指组织拥有一种具有建设性的、有效的组织文化。有两个明确的维度可以衡量组织健康水平（详见表 7-1）。

表 7-1　组织健康及生产力水平举例

		生产力	
		低	高
组织健康	低	• 员工不健康或健康受到威胁，组织不成功 • 这些公司处于破产或倒闭的边缘，甚至有时因为意识形态或政治原因而被困扰 • 案例：大多数煤矿公司是无利可图的；不仅问题频出，而且组织中往往有着悲观的、宿命论式的组织文化，不鼓励员工为解决心理健康问题寻求帮助	• 员工不健康或健康受到威胁，但是组织是成功的 • 这些公司关注外部激励，例如奖励和惩罚 • 案例：伦敦的某投资银行因高利润和不健康的组织文化而臭名昭著，英国《金融时报》（Financial Times）的一篇文章将其描述为"不健康的跑步机"并且拥有一种根深蒂固的加班文化
	高	• 关注员工，员工身体健康并能快乐地工作，但是组织不成功 • 这可能意味着个人、领导者将自身利益和维持现状置于组织目标之上。这是一种有毒的组织文化 • 案例：Powa（一家科技公司）被称为"不好好经营企业的教科书式案例"。在倒闭之前，这家公司曾经是令人兴奋和吸引人的公司	• 员工健康，工作高效，组织成功 • 最有效率的组织，意味着每个人都愿意为公司富有成效地工作 • 案例：本章提到的瑞安公司以及第4章提到的托马斯国际等

- 生产力。组织的生产力高意味着其实现了自己的愿景，完成了自己
  的使命。组织可以通过参考利润指标衡量生产力，但是利润指标并
  不是唯一必要的衡量指标。
- 生理和心理健康。组织为员工营造良好的环境，让员工有充分的机
  会使生理和心理都保持健康。

表 7-1 中的低低组合可以被看作有毒的组织文化的特点，高高组合可
以被看作健康的组织文化的特点。

有关健康组织的建议

世界卫生组织提出了四个改善组织健康的关键措施，如下所示。

- 融合：通过制定和执行政策来支持组织保持健康。
- 参与：让员工参与制订计划、制定决策、执行及评估过程，并采取
  相关的行动。
- 平衡：改善员工的工作条件，帮助员工提高工作质量。
- 需求导向：确保基于组织的需求采取行动，并持续进行评估和
  改进。

我们将在最后一章重新讨论这些原则，并通过介绍一个优秀公司案例
来说明该公司如何践行这四点以打造健康的组织文化。

2004 年，贝克尔斯（Berkels）和他的同事对整个欧洲在促进心理健
康方面的实践进行了回顾，报告的题目很鼓舞人心——"F1607 项目：为
了应对焦虑、抑郁和压力相关的疾病，欧洲在促进健康、预防风险方面的
努力"。该报告的终稿于 2001—2003 年形成，报告的结论是，有针对三种
不同层面的员工心理健康干预方式，如下所示。

- **个人层面**：指导个人提高应对技能水平，减轻压力和改善人际

关系。

- **社会层面**：提供支持性的环境，打造具有建设性的组织文化，杜绝歧视、骚扰和欺凌。
- **工作层面**：改善工作条件，支持员工平衡工作与生活，例如照顾父母和孩子等。

2010 年，加拿大心理健康协会提出了有关改善员工心理健康的八个策略，如下所示。

1. **参与决策**。鼓励员工参与决策。研究表明，团队成员直接参与决策并拥有主动工作的权力，可以增强团队整体的幸福感。
2. **明确职责**。第 5 章已对此进行了讨论。
3. **促进工作和生活的平衡**。瑞安公司的做法是值得学习的典范。
4. **鼓励尊重**。来自管理层的支持是影响员工幸福感的重要因素。
5. **管理超负荷的工作量**。过度劳累的人工作效率更低，身体也可能更不健康。
6. **持续学习**。个人成长非常重要，对于管理人员来说尤其如此。第 3 章讨论了有关生命周期中个人成长的案例，并提供了相应的解决方案。
7. **解决冲突**。站在公平公正的立场上解决问题，为了避免情况变得更糟，快速解决问题有助于将潜在问题最小化。
8. **认可与激励**。人们都有被认可与被激励的需求，管理者不仅要意识到这一点，还要具体去实施。我们在接下来三章将对此展开讨论。

古怪的选择：行走的会议

良好的政策和人力资源管理制度有利于为组织建立健康的结构而奠定

基础。最好的组织一定拥有属于自己的独特文化，能够让员工找到归属感，并渴望自己的行为与公司形象相符。但是，不同的组织文化各有不同。例如，谷歌努力创造充满想象力的娱乐文化，这在律师事务所或者失业救济所是不可行的。

宏观政策可以塑造组织文化。有时，不起眼的、古怪的政策也可能对组织文化产生影响。例如，工作中，开展各式各样的会议是必不可少的。由于会议的目的、内容和参与者各不相同，因此设置封闭的会议空间非常有必要。

但是有没有可能在办公室之外开展会议呢？如果天气、地理环境和其他条件允许，轻快地散步可以提神，锻炼对身体健康非常有益。离开办公室开会并不意味着是为懒散找借口，只要公司合理安排这类行走的会议，事实上也可以高效率地完成会议议程。

行走的会议并不是专业的会议形式，因此会导致有些人难以接受。它的好处在于可以激发员工的创造力，哪怕到了最后，大家还是得回到办公室或者会议室参加会议，重新讨论同样的议题，但是这种新的会议形式无疑将对人们的生理、心理健康产生积极的影响。

同样的方法也适用于长时间使用电子邮件的员工。在阳光明媚的时候，为什么不尝试着到公园悠闲地散步，并抽空处理收件箱呢？

小结

工作敬业度是一种积极的状态，雇主和雇员都可能因此受益匪浅。有很多机会和方法可以提高员工在工作中的敬业度、积极性，增强组织的盈利能力。但是，没有任何一种方法适用于所有组织。瑞安的弹性工作制使其生产力和盈利能力大幅提高，但是它并不适用于所有组织。毋庸置疑的是，敬业这个主题确实值得组织关注，敬业的员工不仅能够改善个人福祉，还有助于提高公司的生产力。

我们在第 3 章讨论了压力的潜在破坏性影响。值得注意的是，健康的组织不应该仅仅关注压力的危害，还应该关注如何打造促进员工合作的文化。减轻压力的措施可以是完善最低工作标准，改变具有破坏性的政策；促进合作则要建立在组织当前优势的基础上。二者相辅相成，都有积极的作用，若能被融合运用则更有利于组织解决问题、提高效率。

Motivation And Performance

A Guide To Motivating A Diverse Workforce

第 8 章

外在动机与奖励

你知道唯一让我快乐的事情是什么吗？那就是看着我的股息分红滚滚而来。

——约翰·D.洛克菲勒（John D.Rockerfeller）

导论

当人们不能够或不愿意自我激励时，外在激励便会对其行为产生深远的影响。金钱是最普遍、最易变的外在激励因素之一，例如各种各样的福利和额外津贴都可以被用作激励。

奖励、金钱也并不是人类独有的激励手段。20世纪中期，斯金纳（B.F. Skinner）证明了许多动物得到奖励后会改变其行为方式。所有的行为都将引发某种后果，而任何行为的后果都将决定个人重复该行为的可能性。奖励能鼓励某种行为重复发生，惩罚则能阻止某种行为再次发生。

斯金纳和他的同事查尔斯·福斯特（Charles Ferster）证明，用最简单的奖励（食物）可以训练老鼠，他将这个过程称为"条件反射"。许多父母都用类似的方式来鼓励孩子的行为。这种基于期望的训练几乎可以鼓励动物的所有行为。例如，可以鼓励老鼠按杠杆、走迷宫。可以训练狗坐、翻身或者跨过障碍等其他的特技。斯金纳甚至用类似的方法训练他的鸽子打乒乓球。他对自己的训练方法信心十足，并提出了一种研发以鸽子为武器的投掷系统的设想，虽然该系统最终没有被应用于现实生活中。

哪怕是看起来非常复杂的任务，例如打乒乓球或者按一定轨迹发射鸽子等，都可以通过任务分解和执行训练来达成目标。没有任何研究证明鸽子对打乒乓球和沿弹道飞行有基于本能的本领，但是研究证明鸽子有能力学习并且能够理解这些复杂任务的因果关系。若鸽子把头转向左边就能获得食物，通过训练，鸽子很快便能学会一个动作并且重复这个动作。当奖励被取消时，鸽子甚至仍然会尝试做类似的动作，例如向另一个方向偏头，或者在第一个路口转一个更大的、更快的弯。有意思的是，如果鸽子转弯的幅度或者速度越来越大，获得的奖励也越来越大，那么鸽子很快就能学会以惊人的速度在原地打转。

从具体到抽象的奖励

奖励当然不仅限于食物。人类比动物复杂得多，因此，人类自然需要比食物更复杂的奖励才能被激励。如果希望一群大学生参与焦点小组调研，那么我们可以试着以一盘比萨为奖励。如果想要在特定的时间结束会议，那么我们可以尝试带一份新鲜出炉的糕点到会议室，看看会发生什么？所以，精明的协调者可能会在预期完成时间的 4~10 分钟之前准备好开胃的食物。因为在一顿丰盛的午餐面前，任何有关辩论和讨论的动机都可能会被减弱。

奖励可以交换。即当两种奖励存在一定的关系时，它们可以相互替代。有关动物的研究一般以食物为奖励，因为动物的思维方式很简单，它们会坚定地为获得某种奖励而努力（我们在后文中将介绍有关动物的第二种奖励）。动物和人类一样，研究者可以通过给予人类奖励使其形成象征性的、具有意义和价值的标记系统，从而对其形成激励作用。研究表明，猴子甚至可以受到金钱的激励。研究人员对一群卷尾猴进行了研究，这是一群高智商的小猴子，具有复杂的社会结构和等级制度（还没有证据表明它们之间形成了联盟）。

陈和他的同事们用货币对猴子展开了研究，他们首先用的是一些小的代币。在研究人员展示这些代币的使用方法和用途前，猴子们对代币并不感兴趣。当它们知道代币就代表美味的奖赏（例如葡萄）时，这种聪明的小猴子很快就领悟到了代币的价值。或许它们想要的是葡萄，但是它们清楚地知道代币与葡萄之间的联系，于是，它们很快就会交易、使用或赎回这些有价值的代币。

不仅如此，除了利用代币来获取食物之外，它们甚至很快就开始在团体内部发展货币贸易。令人惊讶的是，除食物以外，猴子之间进行货币贸易的第一种交换物竟然是性。一只猴子支付代币与另一只猴子发生了性关系。性是我们在前文提到的对动物有着激励作用的第二种奖励，当然，这一点要想在道德层面进行追究是有困难的。研究表明，这只表示顺从的猴子完成性与货币的交易后，立即用得到的代币购买了一串葡萄。

进一步研究表明，当货币与商品的价值发生变化后，猴子的行为与人类的行为类似。如果一枚代币的价值从一颗葡萄上涨到两颗葡萄，那么整个群体都会因此对代币价值的变化做出可预测的、理性的反应，其反应的模式也与人类相同。当价格下跌时，人们（猴子）往往会购买得更多。猴子的金融行为与人类赌博或者投资股票的行为完全相同。

投资的回报可以影响行为，但是这种回报必须是可以替代、互换、继续用来交易的。金钱是组织给予员工的标准奖励形式，因为它可以更广泛地使人们与其所需要的其他奖励进行交换。所以，金钱是一种强大的激励工具，那些认为金钱在大多数工作场合都不重要的想法并不恰当。人们需要关心的最重要的问题是，金钱何时以及如何成为工作中的动力源泉。

几乎所有的研究结论都一致，那就是超过一定的需求水平后，财富与幸福感没有必然的关系。当没有足够的钱维持基本生活水平时，缺钱可能会导致个体长期处于压力状态，对人们的幸福感造成负面影响。但是中等富裕、极度富裕情况下，金钱对幸福感的影响微乎其微。金钱奖励的效果取决于四个重要因素，如下所示。

- **适应性**。大多数人觉得获得奖金、加薪、遗产或者其他收入后，他们会更加快乐。事实是，这种快乐是短暂的，金钱带来的快乐很快就会消失。人们将因此把提高的收入水平当作工作和生活的新常态，从今往后需要更高水平的经济回报才能使他们感到快乐。
- **比较效应**。人们习惯于和周围的人比较收入水平。例如，那些生活在高薪圈子的人倾向于将自己的收入和高薪者的收入而不是平均收入进行比较。无论个体得到的奖金多么丰厚，如果其所得到的比同事少，大多数人都不会感到满意。
- **替代效应**。无论一个人多么有钱，都有可能遇到这样或那样的困难，而且总有些困难是金钱无法解决的。经济学家把这种情况称为"金钱边际效应"。从本质上这意味着，随着一个人拥有的金钱越来越多，金钱对他的价值将逐渐降低。而其他东西，例如真正的友谊、空闲的时间等这些替代品的价值则可能因此越来越高。
- **担心**。高收入者的优先事项不一样。当缺少金钱不再成为生活中的烦恼时，他们的注意力便会转移到其他事情上，例如人际关系、家庭、朋友、自我发展和慈善工作等。事实是，一个人越有钱，他关注和担忧的东西就会越多。

奖励的内容和奖励的方式也会对人们的行为产生影响。我们可以从以下两个维度对奖励进行比较。

- **时间**：奖励会在一定时间内起作用，要关注时间段与奖励频率（例如每隔五分钟）等指标。在可变的时间段范围内，奖励可以是随机的、不可预测的。

- **条件：**响应的数量、行为的频率以及其他类似的因素决定了奖励的数量。在固定的时间段内，当被试做出了相应的行为时，研究者可以给予一定的奖励，例如，狗每次坐下，都可以得到奖励等，奖励的频率可以是每坐下 5 次、10 次或 15 次奖励一次。在可变的时间段范围内，奖励的数量也可以是随机的、不可预测的。

上述所有训练都可能起到激励的作用，但是并不是所有的激励效果都是相同的。下面我们将按照最有效和最无效的标准进行排序，介绍几种激励的方法（如表 8-1 所示）。

表 8-1　奖励的时间类型

固定间隔 在可预测的时间、以固定的间隔提供奖励 例如：每个月的工资	可变间隔 奖励是不可预测的、随机的 例如：主管偶尔给下属带一份早餐
固定比率 奖励是可以预测的、有一定标准的 例如：绩效奖金，10% 的销售提成	可变比率 基于特定的条件或表现，以不可预测的时间间隔进行奖励 例如：为销售人员提供抽奖奖励，一定数量的销售额可以获得一次抽奖机会

- **可变比率。**这是最快、最有效的奖励方式，这种方式对赌徒尤其适用。因为回报不可预测，而且随时有可能出现，所以，赌徒总想着再赌一次、再赌一次，希冀再赌一次就可以大赚一笔。销售团队也可以用可变比率奖励的方式对成员进行激励。假定团队成员每完成一笔销售，都可以获得一次抽奖的奖励，这就意味着超额销售有机会获得更多的回报。虽然不是 100% 会中奖，但是这种不可预测的奖励将起到激励的作用。

- **固定比率**。这也是一种有效的激励方式，但是激励效果与可变比率相比较弱。例如，销售人员每完成一笔销售，就可以获得占其销售额 10% 的提成，或者工人因其生产的产品数量多而获得一定比例的奖励等。这种奖励方式也有其缺点，可能会导致员工为获得奖励而过度消耗精力和体力，也可能导致员工为了追求数量不顾质量的后果。后面我们将讨论如何通过绩效管理减少这种情况的发生。本章的后续部分也将讨论内在激励和外在激励分别如何影响绩效的质量和数量。

- **可变间隔**。这种激励方式比前面两种方式更现代化。以查看电子邮件为例。人们总是会不定期地收到各种各样的电子邮件，这种不定期的时间间隔会对人们的行为产生影响。人们收到电子邮件一般会给予回复，但是收到电子邮件的数量是否取决于人们查看电子邮件的频次（固定比例）这一点是未知的。如果每次查看电子邮件，人们都能获得关于重要事项的回复，那么，人们查看电子邮件的频率就有可能提高。

- **固定间隔**。这是效果最差的激励方式。但是，因为能够满足员工最低水平的需求，这种奖励是必要的。例如，每隔两周发一次工资是对员工完成基本工作的奖励。不论在什么情况下，员工都可以获得固定的薪酬。

单一奖励方式的问题在于，鼓励一种行为可能会影响其他行为。例如，根据文章的字数给作者付酬，作者可能会写更多的内容，但是文章的质量却不一定更好。根据工人的产出数量付酬，就可能降低产品的质量。根据房地产经纪人的销售额付酬，这可能会激励销售员延长工作时间，但是加班并不意味着能带来更高的工作效率。

因此，公司在设定奖励的规则时必须以最重要的后果作为衡量标准，必须在不损害他人利益的情况下平衡绩效和报酬之间的关系（如表 8-2 所示）。以某物流公司为例，该公司根据仓库员工打包、运输物品的数量支付绩效奖金。员工的时薪很低，但是可以基于比率（例如更多的打包量和运输量）获得更高的薪酬。公司可以针对员工的具体情况设定最低绩效目标，而员工必须在每个发薪周期完成这些任务。如果最低目标是 100 件物品，员工发出去了 150 件，那么他们的周工资应该可以乘以系数 1.5（但必须基于合格的发货数量来计算）。也就是说，公司在制订薪酬计划时必须考虑出错率。如果客户需要的是 25 朵花，但是发出去的是 25 袋面粉，这种行为就不应该得到奖励。公司可以设定一个最高错误率，超过这个错误率的员工会得到惩罚，即降低其绩效奖金的比例。从而提示员工，只有在不影响产出质量的情况下，才有机会获得奖励。

表 8-2 薪酬计划的优点和缺点示例

比较项目	奖励类型	注意事项	绩效行为	限制条件 / 缺点
小时费率	固定比率 / 固定间隔	双月支付，并取决于实际工作时间	工作时间要求	对绩效的影响有限
绩效奖金	固定比率	取决于完成交付的最小任务量，高绩效的员工将获得更高的收入	交付物的数量	忽略精确度和安全，追求更快的速度
出错率	固定比率	设置底线目标，是收入的一项决定因素	精确度	影响任务完成的速度和产出量

注意事项：要正确理解和使用金钱奖励。金钱激励是有效的，但并不是唯一的激励因素，只有当与权力、荣誉、自主权等其他因素一起发挥作用时才能产生更好的激励效果。

需要

你需要权力还是荣誉？你愿意拥有无可匹敌的权力，还是愿意成为声名显赫的领袖？你愿意付出多少努力来获得权势和地位？若出售某个政治职位，你认为价值几何？有些人愿意为权力和荣誉付出金钱，但是有些人却对此没有兴趣。

在工作中厚颜无耻地追求权力和影响力可能会引起同事的关注和反感。但是，不可避免地，许多人的动机确实就是获得权力、影响力和控制权。他们试图通过说服、影响他人来推广自己对团队、公司和整个社会的愿景，有些人可能会通过为他人提供帮助和建议来施加影响，而有些人则会试图通过控制他人来达到目的。对权力的需要表现为试图获得影响力和控制权，通过直接命令、指挥他人，或者利用影响力来实现目标。只是影响和控制的程度因人因事而异。

为了实现自己的目标而追求权力和控制权，这一点听起来有点邪恶。因此，我们必须区分对权力的建设性需求和破坏性需求。研究人员称之为"社会化"或"个人化权力驱动力"。这两个概念可以区分两类人：一类仅仅是想要权力的人，另一类是希望通过使用权力帮助他人改变命运的人。前者往往为了个人利益做决定，不考虑对他人的影响；后者则更可能做出尽量不伤害他人并让更多人受益的决定，哪怕在某些情况下需要个人做出牺牲。

一项研究表明，具有成就动机的人往往在商业上更成功，但是在政治上更失败。相反，对权力的渴望更能促使个体在政治上取得成功。为了巩固权力，职业政治家必须树立一成不变的权威形象。他们需要对身边的人进行管理和控制，使用各种创造性的策略来获得支持。理想主义者的口头禅是"原则比权力更重要"，而政治家则可能认为没有权力，原则一无是处。

商业和政治是两回事。政客们可能不得不面对来自各方的无休止的批评，但是在商业领域则不尽然。政客们若不够理智和缺乏逻辑或者转变观点都有可能遭受批评，而从商者则有可能因为具有灵活地转变策略的能力而备受称赞。

对权力的需求和缺乏权力都可以为个体带来强大的动力。当员工生气时，破坏性行为也意味着控制和权力。失去控制、灰心丧气、幻想破灭的员工需要通过更具建设性的方法来重新掌控自己的工作和生活。因此，管理者需要关注员工的自治权力。如果员工有权力以自己的方式做相关工作，那么，他们会感到自己能有效掌控工作。公司赋予员工自治权有很多好处，有助于减轻员工的压力，提高员工的工作满意度。

对名誉的渴望、自恋

金钱不是唯一的报酬方式，也不是所有人最渴望的回报。例如，每个人都希望自己的工作在某种程度上得到认可；大多数人都想融入群体，成为群体的一员，并且受到别人的尊重，得到他人的赞美；有些人追求名誉，但是有些人可能会逃避聚光灯；有些人因成就而出名，有些人可能将出名当作成就。

另一个有关痴迷于成名的概念是自恋。自恋者自吹自擂、自命不凡、自我膨胀，他们往往会高估自己的能力和成就，同时又擅长打击别人。他们常常夸大自己的重要性，希望身边的人给予自己关注和赞美以彰显他们真的非常重要。但是，他们往往又有脆弱的自尊，需要他人持续的赞美和关注来维护他们的自尊。他们总是期望自己更加特别，在任何关系里都能得到优待，并因此获得利益。这类人经常利用别人，将别人看作让自己感觉更好的工具。他们傲慢、居高临下。作为管理者，他们这种过分的需求可能会导致形成糟糕的人际关系和做出错误的决策。

自恋者特质在商业应用中特别有价值。自信通常被视为一种力量，但是我们应将自信与自恋区分开。自恋者强烈的自我重要感使他们能够突破同事们因怀疑和谨慎而自设的障碍，他们倾向于让每个人关注自己的成就，甚至将他人的成就合理地变成自己的成就，并制造出掩盖失败的形象。

大多数人身边都有自恋型的同事或工作伙伴。聪明的自恋者更擅长隐藏失败，隐藏自利的目的和真正的意图；愚蠢的自恋者则更有可能不断寻求关注，因为他们不知道人们为什么总是想要回避他们。自恋者总是理所应当地认为他们应该拥有更大的办公室、更高的薪水和更高级的头衔来彰显他们的独特。

自恋者通常非常自信。他们更自我——自我主张、自我控制、自我吹捧、专注、自爱甚至是自我破坏。他们似乎真的相信自己拥有与生俱来的幸运。在工作中，他们外向、精力充沛、具有竞争力，而且非常政治化。外向、认真的自恋者可能适合做短期领导者，前提是不被批评，总是被赞美。他们对被钦佩、爱等拥有更加贪婪的需求，这一点可能会让他人觉得他们有趣或者可怜。他们通常是雄心勃勃、干劲十足、自律和成功的领导者或管理者的榜样，他们相信，这个世界就是他们的舞台。

自恋也意味着自尊障碍，因为自恋的本质是掩饰。患有自恋型人格障碍的人会让自己越来越趋向于自我毁灭，因为他们总是在盲目地自我推销。在工作中，他们往往利用他人获得成功，并且要求被特殊对待。他们会对他人提出的批评做出极端的反应，他们可能会感到羞耻、愤怒，而做出发脾气等行为。他们总是期望诋毁别人的批评，不论这些批评是否带有善意或是否具有建设性。当他人给自恋者想要的东西时，后者的反应是迷人的，但也是挑剔的。自恋者缺乏同情心，需要别人的支持来维护自我形象。他们通常控制欲强、要求苛刻并且会做出以自我为中心的行为。但是一旦他们没有达到目的，他们就可能使用眼泪、具有攻击性或者其他任何手段来帮助自己获得想要的东西。

自恋者最显著的特点是充满了自信，这使他们富有魅力。他们如此渴望成功，以至于他们付出超出常人的努力来追求成功。也正因如此，他们更可能拒绝承认失败、错误。他们总是擅长对成功做内部归因，即因为自己的努力所以才会取得成功；也总是擅长对失败做外部归因，即因为别人有错所以他们失败，这是典型的归因谬误。他们总是把自己的失败和错误合理化，并通过重新解释将错误归咎于他人。要证实自恋者是否不诚实也非常困难，因为连他们都相信自己的谎言。

自恋者可能精力充沛、富有魅力、领导能力强，并且很愿意积极主动地完成工作。他们可以在管理、销售和创业方面取得成功，但是这种成功往往是短期的。因为，本质上他们是傲慢的、虚荣的、专横的、苛求的、自欺和自负的。但是，他们变幻莫测而且非常迷人，因此经常能吸引众多的追随者。他们的自信很有吸引力，追随者天真地认为他们的自信是建立在能力的基础上的。

自恋者通常不能很好地处理压力和繁重的工作，但是他们可以让这一切看起来毫不费力。他们有办法让自己看起来很镇静，并且通过委派、分配和删减任务，或者通过乞求、欺负和操控他人来完成工作。他们的同事总是感觉与他们在一起工作时他们的情绪波动很大，因此同事们的压力也很大。自恋者面对压力时也非常执着，他们拒绝承认失败，抗拒指导也抗拒各种负面反馈，他们无法从经验中学习。2008 年，米勒（Miller）出版了一本畅销书，在书中他将自恋的老板和雇主称为"伪装者"。他建议所有老板都对员工的经历建档，并由衷地为他们感到骄傲和尊重他们。他建议自恋型员工做诚实的自我评估以帮助他们更好地了解自己。

此外，自恋者就像野兽，很难被驯服。他们的人际关系往往良好、个人魅力十足。他们认识很多人，但是很少有人足够了解他们和发现他们的本质。他们擅长在各种人际关系中快速切换，能够迅速结交新朋友和新盟友，抛弃那些不忠实的支持者。他们渴望被关注，喜欢制造冲突，也喜欢被赞美。如果你试图解雇自恋者或者给他们降职，他们会用一切手段进行反击。即使反击的后果无比惨烈，他们也会因此获得把自己塑造成"烈士"的机会。

有些老板发现，边缘化自恋者相对容易。这种做法能够迫使他们辞职，去寻求其渴望的更大的荣耀。

自恋其实是一种追求对不切实际的需求的满足。因此，对他们而言，适度、现实和公平的认可是健康和有效的激励因素。

认可与认可计划

认可是一种重要的激励手段。工作中的认可是一件重要而棘手的事情。大多数雇主都希望招聘具有内在动力的员工，希望在不花更多钱的情况下招到最好的员工。他们对好员工的定义是这样的：具有内在动力、独立、聪明、不需要公司的奖金和认可。事实上，这种想法是愚蠢的。

经常不在办公现场的雇主很可能制订出愚蠢的认可计划。例如，一面荣誉墙上，镶嵌着一排排失望的面孔，标注着"本月最佳员工"等荣誉。哪怕这名员工确实是最佳雇员，这种荣誉对于员工和客户来说也确实意味着激励，但是关于"本月"这样的表述背后可能蕴含着令人沮丧的故事。

月度最佳员工计划的理念是对表现最佳的员工给予实至名归的赞美，通过给予象征性的奖励来鼓舞其士气，通过展示积极的榜样来激励其他员工。但是要达到激励效果，首先要思考两个问题。一是最佳员工如何界定，什么是最佳？二是谁来提名最佳员工？同事、客户还是员工的主管和直线经理？基于什么提名？管理者的直觉、一周的服务质量还是某次谈话引发的好感？

月度最佳员工计划的有效性受五个主要因素的影响，但是如果没有第六个因素，这个方案也注定会失败。

1. **标准**。什么是月度最佳员工？如何才能成为月度最佳员工？尤其是当荣誉意味着经济奖励时，一些人可能会使用不正当的方法来获得他们想要的东西。例如奉承、操纵决策者、伪造成绩、欺负或者陷害竞争对手等。如果这些行为被容忍甚至被鼓励，这个方案的结果将引发绩效方面的问题而不是改善绩效。因此，管理者必须首先确定好评选标准，这个标准将有利于鼓励员工做出积极的行为。

2. **资格**。由于劳动分工的限制，在服务行业工作的人可能会受到不公平对待。例如，在餐馆服务员可以依据其表现获得小费，后厨则得不到小费，甚至很可能被遗忘。再例如，酒店的洗衣服务经理又该如何获得客户的认可呢？类似这种认可的限制可能使有些岗位的工作人员感觉不被赏识，因而缺乏动力。因此，管理者必须基于岗位特征制定认可方案，必须给予所有人获得激励的平等机会。

3. **评价标准**。如果公司没有能够评价员工表现的标准，就会使这场竞争变成人气比赛。最有魅力的员工容易获得评价者的青睐，其他人可能会被忽略。聪明的、野心勃勃的员工可能会招揽一些特别的顾客对自己进行评价。这些顾客温顺、不苛求、容易给好评。因此，一旦需要投票，员工就很容易获得这些温顺客户的支持。

4. **排他性**。月度最佳员工意味着只能有一位获奖者。所以，每名员工都可以获评为月度最佳的方案一定是愚蠢的。但是，如果把绝大多数员工排除在外，也可能营造出一种消极的氛围。即使员工付出了极大的努力，但是最佳员工也只有一个，大多数员工的表现并没有明显的差别，这很可能导致有才华、勤奋、有奉献精神的人永远得不到回报。若总有些人在某些方面比他们好一点点，这可能终将导致一些员工产生怨恨情绪。因此，有学者认为，破坏员工的绩效比提高员工的绩效容易得多。

5. **卫冕冠军**。还有一种可能是同一个人在大部分时间或者每次都能获奖。表现最好的员工几乎可能每个月都表现最好，而且他们已经有了展示自己最好一面的经验。思考一下，干脆把公司总裁评为每月最佳员工怎么样？

6. **真诚**。人们对不真诚的方案非常敏感。例如，月度最佳员工的展示牌被放在办公室最不受欢迎、光线最暗的位置，甚至被放在一盆植物后面隐藏着。也许获奖者每个月都能收到一封来自总裁办公室或人力资源部的公式化的电子邮件，他们甚至可能因此得到一个芝士蛋糕作为奖励。但是，大多数人很快就会意识到这是一种不真诚的认可方式。所以，任何认可方案都必须表现出真诚的赞美。

错误的认可往往比不认可更令人泄气。例如，拨打了 50 次的电话终于接通之后，对方说"**谢谢您的等待，您的电话对我们真的很重要**"，类似这样的情况会使认可失去吸引力。再例如，如果收件人是马特，而电子邮件中写着"**谢谢你，帕特，非常感谢你为这个团队做的一切**"，没有比这更糟糕的认可了。

对结果的认知对比

如果我们能认可好的想法将促使其他人采纳它们，而这些想法一旦被忽略就有可能因此被束之高阁。

在有关代际差异的探讨中，我们曾提出有学者对"人人都能得到奖励"的文化持批评的态度。2014 年，扎德罗茨尼（Zadrozny）发表文章《奖杯颁发给失败者》（*My loser kid should get a trophy*），他认为无处不在的奖励扼杀了人们的竞争意识和独立性，使年轻人必须依靠妈妈的帮助才能上大学、参加工作。如果这种情况不被制止，今天赢得奖杯的孩子，明天可能会因为小小的挫折而一蹶不振。但是，她也承认，大多数参与性奖励是颁发给小孩子的，目的是强化他们的积极行为，例如"体育精神、团队合作、从容地面对失败，哪怕自己不是最好的也可以在努力中找到快乐等"，这些象征性的奖励可能不会那么糟糕。另一些人提供了具有建设性的建议，"我们应该教导孩子们为赢得人生回报而努力"。有些人担心这种无处不在的奖励方式可能会导致年轻一代需要不断被表扬却不知道如何应对失败。例如，在竞争激烈的环境中，无论表现如何，个人只要参与就可能获得一条丝带作为礼物。

尽管代际预言家们经常发布耸人听闻的言论，但是他们所说的有关表扬和认可应该与表现、成就和结果关联的观点是有效的（尤其是在职场）。"当孩子犯错时，我们的任务不应该是批评他们并指引他们获得辉煌的成就，相反，应该是帮助孩子克服挫折，让他们认识到，随着时间的推移，取得进步比获得胜利和失败更重要，并礼貌地祝贺他们从此踏上了迈向成功的阶段，因为失败是成功之母。"同样的想法也适用于员工。管理者不应该说，"这个月，乔、玛莎和马哈茂德的表现确实很好"，而应该明确、具体地表扬他们取得的工作成果和他们对团队的贡献以及获得成功的原因。

关于认可，下述五点值得注意。

• **绩效**。认可应该与个人或团队特定的行为、结果相关联，应该详细说明哪些行为是好的、为什么好、该怎么做。

- **个人发展**。认可应该与个人目标、成就和能力相匹配。管理者不需要对觉得工作无聊、没有挑战性、没有回报、只将其视为任务的员工给予赞美和认可。但管理者必须弄清楚员工在工作中遇到了哪些困难、克服了哪些挑战，或者获得了哪些最新的成就，并基于这些因素给予认可。同样，即使平时表现较差或者暂时表现稍逊色的员工若有所进步，管理者也应该给予认可，尤其是对有精神健康问题的员工。我们在前文中提到过，大约有一半的员工在与精神疾病做斗争。对有些人来说，早上起床去工作是困难的，因而他们一旦克服了这种困难就能给自己带来成就感。同样，那些在绩效方面表现欠佳的人最容易气馁，如果他们过分关注自己犯的错可能会使他们的绩效变得更差。因此，管理者应该把注意力集中在他们擅长的事情上，帮助他们做出改进。

- **社会环境**。认可应该与社会环境相适应。对于一直在与精神疾病做斗争的员工，在公司的博客发布公告等方式给予他们认可和赞美显然是不合适的，而安静、私密的谈话可能更合适。

- **适当的传播方式**。认可的传播方式也很重要。面谈、电子邮件、博客、月度最佳员工墙或者其他方式都可以被当作认可的传播方式，哪种方式更好应该取决于这五个因素中的其他四个因素。例如，一个联系紧密的小团队的成员彼此非常了解，并且经常有非正式的对话沟通。该团队成员之间的回应方式通常是动态表情或者电子邮件。动态表情可以表达惊讶、兴奋、印象深刻或者敬畏等极端情感。动态表情通常非常夸张，看起来也很幼稚。类似这种认可方法在这个小组内部是被接受的，因为成员之间有共同的语言，能够让信息接收者感受到惊讶或者有趣、幽默，这种认可可能非常有效。

但是这样的认可方式并不适用于其他大多数工作场所，也不一定适合用于公共传播。

- **受众的接受度**。在独立的部门框架范围内，应该考虑到团队、部门和个人之间的竞争。认可某个人或者某个团队可能会导致其他人产生怨恨情绪，尤其是当这种认可是以牺牲另一个人或者群体为代价时。因此，认可应该在受众能够接受的情况下进行。

不同动机导致的产出质量和数量对比

外在动机和内在动机并不是相互排斥的，也没有孰轻孰重之分。以一个快乐、积极、高效的员工为例，他有很强的内在动力，他热爱自己的工作，对他来说，外在的奖励远没有工作本身赋予他的意义重要。因此，哪怕无法获得外部的奖励，他仍然会对工作充满激情。

但是二者之间的关系并不总是这么简单，内在动机和外在动机的差异往往会导致不同的产出质量和数量。2014 年，有一项涉及超过 20 万名参与者、包括 183 项不同研究的系统研究表明，外部激励与产出的数量之间的关系最密切，而内部激励与产出的质量之间的关系更密切。

以基于产出数量付酬的物流工人为例。如果工人的产出数量超出基本要求，他们的基本工资会增加，如果他们能交付比业绩目标多 20% 的数量，可能会获得额外 20% 的奖励。数量是衡量业绩并根据业绩支付奖励的直接方法。公司面临的真正挑战是增加产量可能会导致质量下降。例如，如果对呼叫中心员工的奖励的计划是依据超额的电话完成量和客户投诉处理量来制订的，那么他们处理投诉的质量就有可能下降。

这是一种常见的绩效薪酬模式。当数量成为唯一优先事项时，企业可能需要为此付出代价。问题出在哪里呢？如果超额完成的工作的员工的差错率过高，那么超额的效果可能相反。以航运错误率为例，员工根据产出数量获得绩效奖金，但要确保质量，而且必须同时保证交付准确率较高。

使质量和数量保持平衡是绩效管理过程中最大的挑战和机遇。正确的激励不应该以牺牲质量为前提，提高质量是完全可能的。以销售工作为例，销售人员可以根据销售额提取 5% 的奖金，同时要考虑的还有销售人员是否能够确保产品确实满足了客户的需求？他们如何证实这一点，以及如何确保销售的质量？

从内在动机来看，一个从工作中得不到快乐的销售人员不太可能对最终结果感兴趣。相反，兼有赚钱动机和内在动机的人才更可能同时关注数量和质量。如果一名销售人员的薪酬激励涵盖了上述所有因素，那么，他更有可能在工作中确保数量和质量。

内在动机指从员工在工作的过程中获得的满足感和成就感。我们曾经强调内在动机包含有挑战性的工作、对个人成就感的认可、被赋予的责任、有机会做一些有意义的事情，参与组织决策并为组织做出贡献等。

大多数人会从做出对他人有积极影响的行为中获得满足感。例如，保险经纪人可能会因为他们的客户申请到了最好的保险而感到满意。许多会计人员说，工作的报酬、安全和条件对他们非常重要，但是帮助低收入者等公益工作让他们充满满足感。看到自己的工作对他人将产生积极的影响可能会对个体产生难以置信的激励效果。没有内在动机的员工可能会更倾向于将回报最大化，而很少考虑工作的结果。当然，动机并不总是无私和勇敢的，我们将讨论破坏性的动机及其影响。

小结

本章提供了两个关键信息。首先，奖励很重要。其次，当奖励与期望行为一致时，奖励效果最好。换句话说，如果个体在做出好的行为时获得奖励，其就会再次做出这种行为。几乎任何行为都可以用足够大的奖励来激励，如果没有奖励，这种行为很可能会消失。

我们可以通过一个心理学中常见的案例来解释内在动机和外在动机。有些员工习惯给客户发长邮件，但有时这些电子邮件并不是必要的，员工只是想由此制造自己很忙碌的假象。管理者无法阻止这种行为，于是将电子邮件绩效沟通等事项列入了管理职责中，并规定员工发送的每一封电子邮件都将与他们的绩效挂钩，一封电子邮件代表 1 英镑的奖金。这样做可能会引发两种结果。首先，因为绩效奖金与电子邮件发送的数量挂钩，因此，电子邮件的内容越来越短，发送数量越来越多。其次，发送电子邮件变成了一种额外的任务，使获得奖励成了外在动机。在这种情况下，如果管理者取消这一奖励会发生什么呢？一个月后，管理者决定不再依据员工的电子邮件发送量进行奖励。这时，一种不满的和不愿意发送电子邮件的情绪就出现了。上述案例说明外部激励通常可以产生明显的激励效果，而管理环境可能使这种激励变得复杂。

Motivation And Performance
A Guide To Motivating A Diverse Workforce

第 9 章

文化与价值观

导论

有些人不在乎外部激励，而更看重个人成长、发展、机会或成功等方面的激励。例如，应届毕业生选择职业时更看重"个人成长"，职业稳定性对他们来说是最不重要的激励。虽然经济保障、额外津贴和良好的福利并不会令所有人感到兴奋，但是不可否认，这些因素仍然是职场中重要的激励因素。

内在激励可以提高最优绩效水平，而外在激励可以改善较低的绩效水平。本章将讨论工作保障的重要性，并通过案例研究来阐明工作保障和工作需要的关系，将组织文化的概念与个人动机、价值观联系起来。本章提供了一个衡量团队价值和动机的案例，并探讨了接班人计划。

文化与文化变革

几乎每家公司都想要发展得更好，每个有上进心的人都希望自己变得更好，所有人都希望赶上一个好时代，成为时代的弄潮儿。所以，"变革"这个词是个老生常谈的话题。唯一不变的就是变化，变化才是永恒的。无论是有意的还是无意的改变，无论管理好坏，都可能对公司的利润和业绩产生影响。

研究表明，群体和组织文化对变革具有惊人的抵抗力。一些研究者对猴群文化进行了观察和持续跟进。我们可以依据攻击性的强度对猴群进行区分。有些猴群非常好斗，而有些猴群更合作、更温驯。这些属性是持久的，属于文化属性的范畴。在野外，猴群是动态的，并且成员会不断变化。这一点与员工的流动性类似。有趣的是，具有侵略性和不具有侵略性的文化都呈现出了稳定性。在大多数情况下，具有侵略性的群体文化可能会自始至终保持侵略性，哪怕到最后没有任何一个原始成员留下来，侵略也将持续下去。

人们对群体文化的延续性提出了各种各样的解释。一种解释是，个体会选择适合自己属性的群体。例如，好斗的猴子可能会选择与好斗的猴群一起生活。另一种观点是，群体文化及群体环境对个体的行为起着激励作用。社会和人格心理学家常常就这些观点展开争论，事实上，不管是环境影响个人还是个人影响环境，都有其合理性。但同时研究也证实，文化会在特定的环境下发生变化。一场结核病爆发席卷了一群狒狒，这种特殊的病毒对最强壮的群体影响最大，它杀死了体型最大、最具攻击性、最专制和控制欲最强的雄性。这些被病毒吞噬而亡的狒狒为了抢夺附近旅游营地的垃圾与邻近部落发生了冲突，这使它们暴露在布满牛结核病的牛肉中。

萨波尔斯基（Sapolsky）针对这群狒狒所做的研究表明，最具攻击性的狒狒死亡后，取而代之的便是一种更温暖、更友好的文化，并且该群体因此放松了曾经严格的狒狒等级制度。新的群体成员打架、攻击对方的可能性小得多，并且在群体内部会出现更多亲社会和友好的行为。当然，在公共交通工具上，由于受到环境的影响，他们也有可能针对人类表现出反社会的行为。但是无论如何，这种更和平的文化在之后的几十年中持续了下来，而且以令人惊讶的速度发展着，并趋于稳定。针对狒狒的生理测试显示，相比地位较高的狒狒，地位较低的狒狒（它们在更具攻击性的群体中往往备受欺凌）的应激激素皮质醇水平要低得多。

安然（Enron）的例子与上述案例有异曲同工之妙。导致安然毁灭的并不是受污染的牛肉，而是其毁灭性的文化本身。安然的文化最终杀死了自己。我们将在后文中详细介绍这个案例。

从狒狒的案例中，我们将得到哪些有关企业文化的启示呢？不同的公司有不同的文化。许多人在职场不顺利时，往往寄希望于能够改变公司的文化。但是什么才是可以真正改变的呢，如何才能改变呢？

咨询顾问喜欢夸夸而谈企业文化，这是因为站在局外人的立场了解公司的文化相对简单。我们只要愿意花时间与公司的一线工作人员相处，很快就可以了解该公司的文化。公司内部的员工，有时反倒会有一种"身在此山中、云深不知处"的错觉。因为一旦处于群体中，群体的行为、要求和特点很容易让人认为是"正常的"，所以，我们若想发现文化的不同之处，最好基于置身事外的角度和立场。

组织可以尝试用不同的方式来改变组织文化，以下是七点建议。

- **友好的策略**。这是一种以人际关系为基础的文化塑造方法，主要指通过平时工作中的交流、面对面的会议等方式塑造文化。这是一种温暖而模糊的方式，每个人都参与其中。若能被使用得当，并辅以明确的信息和方向，友好策略是一种强有力的文化塑造方法。但是，如果大多数人并不愿意参与这种行动或者害怕人际交往中的冲突，那么这种方法将不能起到实质性的效果。

- **政治策略**。这是一种马基雅弗利主义（Machiavellian）式的方法，即通过找到公司内部的关键影响力人物、权力掮客和非正式领导者来塑造文化。关键的非正式领导者受人喜爱和尊重，他们的意见能够影响周围的人，进而影响群体文化。而政治战略家可以通过说服、胁迫、贿赂、奉承和欺负这些关键人物，迫使他们发挥对组织文化的影响力。当这种方式以具有建设性的、公开的形式被使用时，文化的塑造将是有效的。但是，如果组织通过不当的方式使用这种策略，就有可能破坏组织的信誉，反而导致组织失去活力。

- **经济策略**。金钱是一种强大的说服工具，外在动机导向者更愿意利用经济策略来改变组织文化。

- **学术策略**。一些学者和教授认为，一旦信息公开透明，人们就可以得出正确的结论。学术策略指利用大量数据、委托研究和报告、聘请专家或者咨询顾问等来塑造组织文化。当这些数据和研究清晰地呈现出与组织相关的因素和某些特征时，这种方式是有效的。但是，存在两个问题，一是这种策略无法单独起作用；二是这些信息和报告往往会过度聚焦于分析问题。

- **技术策略**。技术人员更喜欢采取系统的、严谨的方法来改变一家公司，就好比通过修理发动机来维护一台机器。这类方法的流程是找到问题，修复、替换结构中的组件，例如工作环境、工作资源、技术等。技术策略有可能会有助于组织文化的发展，但是这种策略的影响是有限的。因为技术策略更容易忽视组织的复杂性，导致头痛医头、脚痛医脚的现象。也因为如此，在某些情况下，技术策略反而有可能让情况变得更糟糕。

- **军事策略**。这种策略就好比警察有权力以暴制暴一样，这是独裁者特别喜欢的方式。因为任何改变都需要一定程度的力量、决心和行动力，这类策略的重点在于找到解决问题的正确武器，体力、敏捷度和核心优势等都是武器。值得注意的是，强硬的方法可能会不利于组织的发展，从而使变革的时间延长。若独裁型的领导者在变革还没完成时卸任，这类变革就可能会不了了之。

- **不作为策略**。有些人喜欢在早上喝咖啡时表达不满，但又希望其他人来解决问题；有些人喜欢传递鼓舞人心的信息，让每个人都充满

"我们需要为此做点什么"的雄心壮志。这些行为与不作为策略有相似之处。这种方法有助于识别问题，但是识别问题与找到解决方案之间往往存在巨大的鸿沟。同时，通过引起愤怒和不满来找到解决问题的方案有可能会使人们两极分化，并产生反作用。破坏型的领导者往往擅长创造一种愤怒和依赖型的组织文化。

这七种方法各有优缺点，智慧而有悟性的领导者需要能够将这些方法融会贯通，开发出一种有效的组合策略来塑造组织文化。拥有浓厚友谊的人们更容易令人对某些事情产生共鸣，因此，找到合适的盟友是非常重要的。适量的金钱激励可以鼓励人们做出正确的行为；明智的决策、有根据的证据有利于人们理解组织文化的内涵。大局观辅以战术策略，通过足够的毅力，强力推行变革；传递鼓舞人心的信息、激励变革；通过使非正式领导者发挥关键影响力进而影响变革等方式和策略都是可用的。

当然，比文化变革更容易的是行为变革，而这也正是许多问题产生的根源。下面，我们将结合案例探讨两种特定文化。

这两个案例的主人公来自不同的时代，却有着类似的价值观。在阅读案例时请思考：他们所处的环境和个体特征对文化塑造产生的影响，以及是什么导致他们形成了不同的价值观？

两个案例

两个案例中的主人公来自不同的时代，有着几乎相同的动机。他们的职业道路与其价值观紧密相连。他们都希望工作具有安全性，并强调工作条件的重要性，都不容易受到金钱的驱使，表示收入水平、养老金、福利能满足生活就好，额外的津贴和奖金并不重要。有趣的是，他们对外部认可的需求也非常低，都表示并不特别期待获得别人的认可。

这两个案例来自于摩尔、格伦伯格和克鲁斯的研究。他们发现，不同的工作类型、不同部门和岗位之间的价值观差异比代际差异明显得多。也就是说，从事不同工作的个体可能拥有完全不同的价值观。

案例 1　切丽·曼多利

前文提到过代际差异的刻板印象，而在此案例中刚好相反。切丽·曼多利（Cherie Mandoli）今年 28 岁，她住在加拿大。她表示自己并不关心认可、名望、财富和地位。她在获得学士学位和硕士学位后工作了两年，目前在中学和高中做兼职工作，并在慈善机构和社区组织中非常活跃。

她最关心的是，能否在职业生涯的早期阶段获得就业保障（如图 9-1 所示）。她就职于一个与工会有关联的组织，为那些加入工会的人提供服务，这个组织会提供比较优厚的津贴和福利待遇，问题在于，这阻碍了她自己加入工会和获得保障。切丽表示，她想要一份稳定、有保障的工作，尽自己最大的努力，拥有可为之奋斗一生的事业。加入工会虽然可能意味着许多年都得从事不稳定、不可预测的工作，但是，她仍然愿意为此付出努力。她知道工会系统的规则，虽然现有许多障碍，但是一旦通过努力加入工会后，她在将来就可以获得更多保障，因此，她可以克服目前的困难。

作为代课老师，她现在的工作有时持续数月，有时持续数周。她想要全职工作，哪怕拥有全职工作后，连休假都会变得很奢侈，但是那至少意味着她将获得能自给自足的收入。现在，她知道自己要什么，她热爱并擅长做这份工作。她无比努力，甚至努力程度远远超过了工作本身对她的要求，她愿意克服一切束缚，以便将来可以获得终身职教的机会。

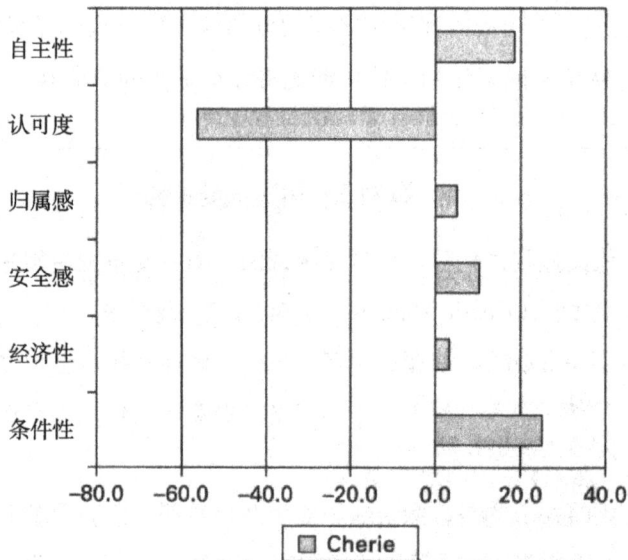

图 9-1 切丽·曼多利的动机画像

她在教学工作中也会遇到不少挑战。例如，学生和家长的挑剔、学校对教师越来越严格的管制和要求等。但是她并不会退缩，她说："当我感觉很糟糕的时候，其他人同样也会感觉很糟糕。"这意味着愤怒和沮丧的父母、学生可能会给她带来压力，但是她仍然热爱这份工作。

人们认为年轻人希望快速获得晋升、获得认可和发展的机会，这是对年轻人的刻板印象。而切丽并非如此。动机测试结果显示，她的认可动机非常低。她致力于提高自己的教学水平，她更加关注个人的安全感。在与她谈话的过程中，她很容易将话题转向她能够投入什么、如何激励他人以及他人如何因此受益这一主题。

另一个有关工作的挑战是，她必须花费大量时间和经历来编写详细记录，以确保教学过程中的每件事都被清晰地记录下来。值得注意的是，她始终对社交活动保持谨慎。她会记录重要的谈话时间、日期和内容；每天随时通过打电话跟进学生的出勤情况并将其记录下来；通过记录学生的进步日志，了解所有学生的表现，尤其关注表现欠佳的学生。她说，任何一个错误都可能导致她的职业生涯终止，如果老师没有将其与学生的某一次谈话的内容记录下来是不礼貌的，而且后果可能很严重。当和学生单独谈话时，她会特别小心观察是否关上了门和窗户。她会将所有关于这些谈话的时间和地点都精确地记录下来。

这是一项费时费力的工作。许多人并不愿意做这类工作，但是切丽像许多老师一样，将它当作工作的一部分。她聚焦工作的重点，全面记录和跟踪工作的进度，通过对比和分析问题，找到可以解决问题的办法。她正在尽自己最大的努力，把工作中的挑战变成工作的优势。

她并不期待获得特别丰厚的薪水、奖金或者其他任何正式的认可。如果需要，她非常愿意缴纳工会会费，愿意克服重重障碍获得加入工会的资格。甚至为此，在长达 7 年的时间里，她投身于高等教育，她想要获得职业的安全感，并为此不断努力。

在工作的初始阶段，她一直在学习解决问题。她必须学会如何有效地与不同类型的孩子相处。当然，她面对的问题不像选拔员工一样有严格的标准，但是这些问题都具有一定的代表性，因为她的学生的年龄相仿。"将大部分时间花在部分有问题的孩子身上"，听起来是否似曾相识？也有一些特别棘手的案例，例如，不愿学习并且不在乎任何事情的学生对她来说就非常具有挑战性。

在切丽的案例中，有两方面的经验可以应用于组织的绩效管理。

- **资料记录和归档的习惯。**对文档的建立和归档有利于组织顺利推进绩效管理。例如，当学生说，"你从来没告诉过我必须交作业"时，切丽可以拿出档案并将其当作强有力的证据。类似的情况在工作场合也很常见。成年人也可能用类似的幼稚借口来逃避责任，例如"我没有收到这封电子邮件"或"从来没有人告诉过我这件事的截止日期"等。档案可以消除这些借口。当然，档案还有利于识别潜在问题、发现具备潜力的人才。

- **建设性的绩效沟通**。切丽说，她的学生都处于发展的重要时期，而她将看着他们从儿童时期一步步迈向成年。学龄儿童可能会过于敏感，这就意味着她必须谨慎处理孩子的问题。许多人可能都有这样的记忆，老师早年批评他们数学或美术学得差的经历会困扰他们多年甚至一生，并影响他们的成长和职业选择。当然，这并不是说老师需要毫无条件地给予学生鼓励和赞美，无条件的赞美同样会引发问题。切丽说，处理问题的思路应该是先问他们做了什么，然后再问应该做什么，引导他们朝正确的方向发展，前提是必须让孩子们知道他们现在做了什么。可以问问他们为什么没有完成任务，接下来应该怎么做，然后问问他们需要获得哪些方面的支持和帮助，并明确表示愿意给予他们支持和帮助，前提是强调他们有能力自己完成任务。同样的指导思路适用于所有人。

案例 2　麦克·奥威克

麦克·奥威克（Michael Orwick）是加拿大商学院的教授，现年 59 岁，住在加拿大西部，1998 年开始从事教学工作，已经有 18 年教育工作经历。刚开始时，他为当地一个商会授课，并发现自己在传授知识和经验方面很有潜力，喜欢和别人分享关于"职场工作"的经验和方法。现在，他已经在大学工作了9年。

麦克对教学的热情来自可以通过现实中的案例，帮助别人找到学习和处理问题的新方法（如图9-2所示）。他的经历以及对商业的独到领悟力使他在这方面独具优势，他享受这种帮助别人给他带来的乐趣。

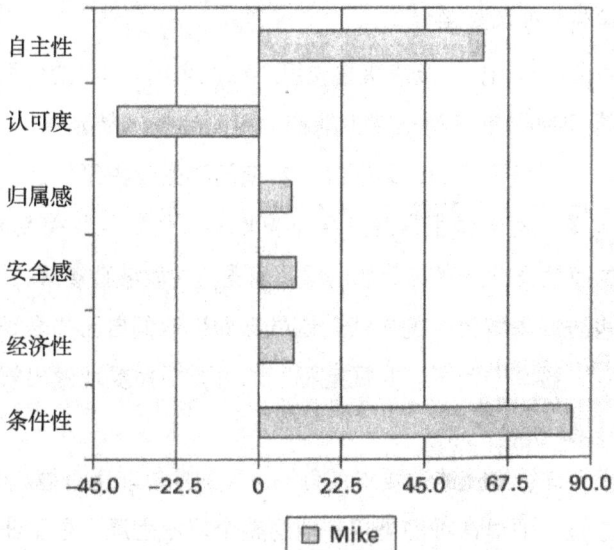

图 9-2　麦克的动机画像

与切丽类似，麦克认为官僚主义、文书工作和行动迟缓是组织文化带给他的最大负担。对教职工作充满热情的老师需要花费更多时间来记录、跟进和反馈学生的表现，这些工作可能要占用大量非工作时间。事实上，不仅是教职工作，任何绩效管理工作都是如此。但是，耗费额外的时间和精力把工作做好是值得的。

麦克的自主性得分很高。他很享受课堂给他带来的自由和自主性。他曾经在广播电台工作，拥有富有创造性的工作经历，这为他成为优秀的沟通者提供了条件。他也喜欢创造机会，寻找新的、有趣的方式来表达想法，激励和驱动自己与他人的工作。他的优点在于极富创造性，他享受创造性。

但是，学生们共同学习、考试的要求会限制他们发挥创造力。麦克的观点非常有意思，他说学生们共同学习并不是问题，考同样的内容却会引发很多问题。个体可以学习同样的东西，但是同样的测试标准将限制他的教学方式。

与多项选择题相比，麦克更喜欢用"对 / 错 + 原因"的题型，因为进一步询问原因更有利于减少猜测，提高选拔的精确度。当然，得到简单的回答是不够的，必须进一步询问学生理由是什么，答案必须简明扼要。有些学生只是希望不停地写，他们只想得到高分。简明扼要的有效证据则意味着他们理解问题，并能够直接解决问题。绩效评估也可以采取类似的方法。让员工评价他们自己的表现，然后说出原因，再举个例子，并规定那些能够简明扼要地做出解释的人可以获得更高分。

在与麦克进行交流的过程中，有关认可的探讨非常有趣。他说，不同于自主性，他对认可的需求在他的整个职业生涯中是不断变化的。"在职业生涯早期，我曾经渴望得到认可，因为大部分时间我都在克服困难，总是力图把工作做到最好。"他说，由于当时在广播行业工作，有得天独厚的条件可以宣传和推销自己，因此也导致了他变得有些自私和傲慢。现在，他对认可的需求非常低，这种变化是渐进的。到后来，他发现，"我越需要认可，别人就越不愿意给予我认可"。

麦克与切丽相似，他们的一致性在于，他们最大的满足感都来自有条件、有能力帮助他人，工作的创造性和影响力能给他们带来成就感。

虽然如此，麦克提出了一个有趣的观点。他说，如果教师的成就得不到认可，往往可能导致工作进度减缓。例如，当一个好的想法不被认可时，就不太可能被更广泛地采纳。这意味着，如果人们能对他人的成就和最佳实践予以认可，其经验就能在更广的范围内得以分享和借鉴。

代际差异

这两个案例说明了处于不同时代的两个人在某些方面惊人地相似（如图 9-3 所示）。虽然麦克的自主性和条件性得分比切丽更高，但是如果考虑相对重要性而不是绝对数值，这两个因素对二者来说都是最重要的。安全性和经济性也重要，但是与自主性和条件性相比，得分较低。

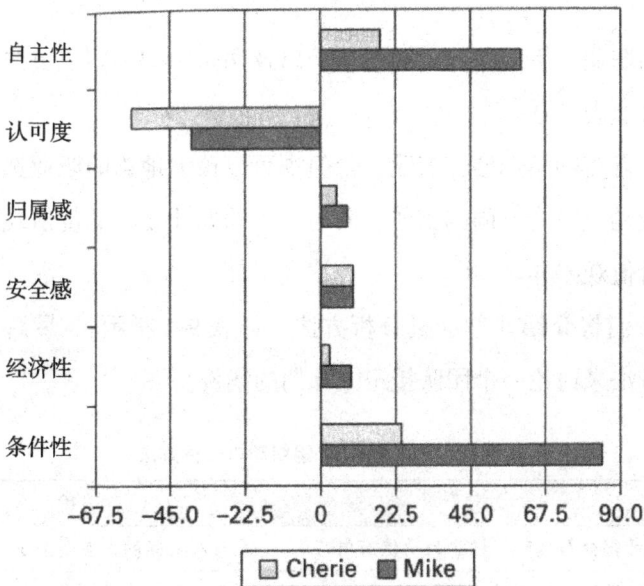

图 9-3 麦克和切丽的动机对比

条件性是最重要的因素之一。他们都重视干净、安全、舒适的工作环境。虽然这并不是他们选择这份工作的首要因素，也不是他们每天工作的动力之源。但是，他们在较好的工作环境下才能有效完成工作。我们可以将个体对工作条件的需求看作潜在的动力因素，而不是激励工具。例如，如果屋顶摇摇欲坠，也并不会影响他们教学的热情，但是可能会引发他们的不满情绪。

认可对二者而言都是最不重要的因素，他们都不渴望获得任何形式的表扬和认可。他们的成就感源自帮助和影响他人，而不是他们的成就被认可。这并不是说他们不重视这种认可，正如麦克所说，"学生们发自内心的感谢和认可"对他个人来说很有意义。

组织、团队与个人的价值观

不同的职业、不同的部门和团队，以及团队中的不同成员往往有不同的动机和价值观。

切丽和麦克的案例已经表明，价值观可以极大地影响职业选择，不同类型的职业动机适合不同的工作。同时，不同职业之间的价值观差异远远大于代际价值观差异。

下面我们将介绍几种动机分析方法（如表 9-1 所示）。最后，我们将利用这些方法来讨论一个团队接班人计划的案例。

表 9-1　个人、团队、组织动机分析方法

	均值	方差
个人	个人的得分与团队、组织的均值有何不同	人与人之间的方差是多少
团队	团队的均值与组织的均值有何不同	团队之间的方差是多少
组织	组织的均值与行业均值有何不同	组织与组织之间的平均方差是多少

根据表 9-1，我们可以分析团队、组织之间的价值观有哪些差异，衡量平均值，以及检查是否存在异常值。有没有哪些团队是特别的？公司内部是否存在不同的动机？这些动机是否源自相同的原因？这些差异是否与不同的角色、职责和工作类型有关？

上述动机分析方法可以被应用于许多方面，如接班人计划。下面，我们将介绍一个真实的案例。

接班人计划

如果领导层突然中毒，会发生什么？公司股价会上涨还是下跌？员工们会哀悼还是庆祝？谁来接手现在的工作，他们是否接受过类似的培训？

大多数组织表示，他们考虑过采用继任计划，但是却鲜有组织采取行动。谁将接任未来的空缺岗位？这不仅仅是有关能力的问题，而且是有关潜力、胜任力的问题。一个好的接班人计划应以开发公司内部的未来潜力为目标。无实质性作用的接任计划与招聘人员有关，他们可能甚至希望从外部找到合适的人才填补职位的空白。

接班人计划的本质在于防范未来的风险，避免不必要的困难。制订接班人计划有助于接班人无缝地胜任公司的角色和工作，从而使岗位空缺对公司的危害程度降到最低，并有望将绩效保持在最佳水平。

有些组织喜欢虚伪而模糊地谈论职业生涯。所谓"职业生涯"，其实是一个过时的概念。终身雇员往往是没有野心的，这也往往令人感到悲哀。公司应该让员工对自己的未来负责。接班人计划应该面向全公司范围进行筛选和评估。在这种情况下，被认为拥有高潜力和极具可能成为未来领导者的个体将为公司树立榜样。

许多公司试图对接班人计划保密，却往往事与愿违。因为消息总是会不胫而走。一旦传出有接班人计划这回事，不论是多么模糊、缺乏细节的说法都可能会成为谣言并被口口相传，甚至有可能比披露实际计划的破坏性更大。

接班人计划与战略规划一样面临着失效的问题。预测接班人计划什么时候会失效也非常困难。组织内外的因素都有可能发生变化。如果公司的员工流动率为90%，那么10%的接班人计划就没有意义。若一个跨度为10年的接班人计划规定了10%的晋升比例，那么可能90%的人才流失率都是顶尖人才流失造成的。因为这些人才往往是流动性最大的，并且容易成为猎头公司和其他公司的目标。因此，接班人计划需要与时俱进，能为公司带来令人满意的结果，增强员工的工作动力。我们可以从离职面谈中思考为什么一些员工要离职？有哪些接班人离职了，以及他们为什么离职？

接下来是工作继任的问题。在工作过程中不断学习是理想的学习方法。做得好的前任在接班人的选拔上拥有发言权。公司可以通过角色扮演的方式培养接班人，让新人作为前任的助理先工作一段时间，从而让新人能够更好地了解岗位的关键职责、人事关系和公司文化。雇用"空降兵"也是一种选拔继任者的方法，但是这对组织来说则是一种挑战，而且极有可能导致接班人计划以失败告终。

公司在制订接班人计划时必须做好预案，必须对未来可能面临的失败提前予以评估和管理。但是，很多公司的绩效管理系统缺乏这一工作环节。即使公司非常重视并致力于推进绩效评估工作，每个组织也仍然存在一些绩效不佳的人，他们从不引起冲突，但是也从不尽职尽责，甚至根本无法胜任工作。同样，一个计划不周、执行力弱的接班人计划可能会使人们反感，也可能导致那些表现出色的人被忽视，被重用的却是无法胜任工作的人。

在健康的组织中，这类人非常少，但有些组织却充斥着这类"人才"。这类人的特征是：自愿离职补偿方案对他们不起作用，他们交叉双臂、皱着眉头参加各式各样的激励研讨会，但是却不愿意再接受任何培训，也不希望被任何繁重的任务困扰。令人惊讶的是，组织内的每个人都知道这些人是谁。当被要求列出包含这类人的名单时，几乎每个人的名单上都有相同的名字。那么为什么关于这类人的问题得不到解决呢？

第一个常见的原因就是管理不作为。绩效问题难以处理，因此，有些管理者宁愿忽视这些问题也不愿意去面对它。同时，很少有公司会制订针对"失败"的应对计划。每个公司都更喜欢制定有关"成功"的管理方案。但是，对"失败"的管理是必要的。

接受"失败"并对"失败"进行管理可能会给公司带来机会。"失败"的类型多种多样，例如任务分配不均问题、工作模糊地带引发的问题以及代理职位人选不当等都可能导致公司失败。有时候失败是不可避免的，但公司可以从失败中汲取经验。正确面对失败并不断提升工作水平的能力可以被视作一个人的潜力。恰当的资源、支持和动机有可能帮助个体将失败转化为良好的绩效。有些失败是顽固的、无法解决的。针对这类失败，我们就要避免犯同样的错误。

提前为应对可能将面临的"失败"制订计划意味着有机会将失败带来的破坏性影响最小化。因此，接班人计划不仅应该是有关成功的，同样要有关于"失败"的预案。例如，不能让超过半数的高管乘坐同一趟航班。

实践案例

最近，研究者对一个组织中的部分员工的雇佣关系、激励因素进行了测试和评估。

这个组织包括 20 多名员工，主要为所在行业的企业提供环保法规和合规方面的审计与咨询。该组织的每名员工都是独立承包人，他们与组织签订了"零时工"合约。他们被分别派驻到大约 100 万平方千米范围内彼此相距甚远的不同地方工作。

该组织成员的绩效各不相同，只有少数人能够完成大部分工作。有些人在客户高度集中的区域工作，而有些人在非常偏远的农村地区工作。

像许多组织一样，这个组织正在对组织内部的雇佣关系和人力资源管理系统进行检查，目的在于处理几个具体的承包商的业绩问题，这种情况在组织中比较常见。例如，当经理们对整个部门进行全面绩效评估时，他们的脑海中往往会出现同一个有问题的人。大部分组织面临的难题在于潜在的问题人人都心知肚明，但是没人会愿意真正去处理这些棘手的问题。

该组织对成员进行了动机测试。初步结果表明，这个组织的成员在几个维度上与行业平均水平存在显著差异，如图 9-4 所示。所有人都对自主性和归属感的需求较强，对安全感的需求较弱。

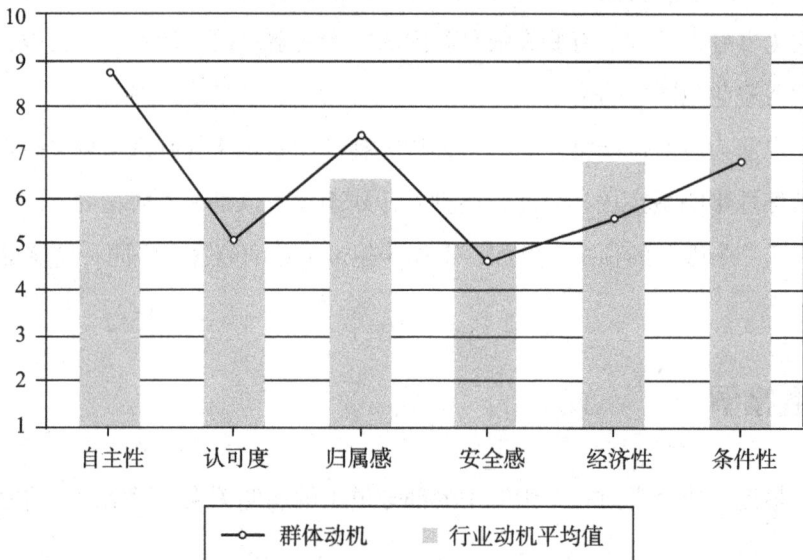

图 9-4　群体动机与行业动机平均值比较图

差异最小的是自主性。有趣的是，这些咨询顾问表示他们并没有获得足够的自主权。这也是引起他们不满的最大原因，我们将在后文中对此进行探讨。

本案例中有两个现象值得我们借鉴和参考。第一，尽管这类工作受到黑白分明的法规等限制，但是员工对自主性的需求很强，他们喜欢工作富有灵活性。公司的有些相关规定并不明确并且有些复杂，因此他们希望公司能够给予他们清晰、明确的自主权。

这意味着组织需要制作一个非常明确的人力资源管理手册和制定绩效管理标准，并将相关要求在合同的权利、义务与责任之中列出来，并对其落地实施提出明确的要求。这意味着员工既需要明确的工作标准，也需要在工作方法上被赋予灵活性与自由。

第二，安全并不是他们的首选动机。目前他们的安全需求已经得到满足，因此他们并不期待获得更大的工作保障。他们更喜欢具有灵活性的工作。他们之中有些人正在做兼职工作，有些人已经半退休。

对他们来说，独立承包商合约这种模式比固定的员工关系更合适。他们可以根据自己的实际情况制定目标，想多干时多干，想少干时就少干。针对这种情况，该组织在考虑了农村和偏远地区的特殊情况的前提下，制定了清晰的绩效目标和区域目标。

通过动机测试理解组织文化和组织中的雇佣关系，可以为后续采取行动提供明确的信息，并为制定组织政策奠定基础。同时，这些测试也为组织未来的发展提供了可进行比较的数据，有利于衡量组织未来的发展状况。

M otivation And Performance

A Guide To Motivating A Diverse Workforce

第 10 章

动机差距的重要性

导论

　　了解个体的动机有利于进一步了解动机对工作的影响，并为组织制定有效的政策。如果一个人对薪酬激励无动于衷，那么大幅加薪的政策对其就不会奏效。不仅如此，关注动机与动机带来的结果也非常重要。如果经济水平对于个体来说非常重要，但是公司给予的薪酬激励却远远无法满足他的期望，那么这种激励也是无效的，甚至有可能引发个体的不满和其他问题。

　　动机没有对错之分。动机的本质是个性化的。组织了解个体看重某件事物的原因有助于提升个体的职业满足感和工作效率。奖励能否与个人动机相匹配可能引发的结果完全不同。有关 HPMI 的研究表明，价值观上的差距可能导致不同个体之间的敬业度相差 44%，并且导致个体对组织做出的贡献相差 15% ~ 57%。

　　本章将讨论动机差距，并通过介绍案例研究来描述动机差距在实际工作中的影响。研究表明，即使有些数据是相似的，但其中的动机差距背后的原因及其影响也可能相差甚远。

动机差距

　　当一个员工期待获得某种回报，却得到了另一种回报时，情况会怎样呢？如果一个人晚上喝醉了酒，第二天想要买礼物给伴侣表达歉意，那么，一瓶香槟就不是合适的选择。如果补救措施不恰当，问题就不会得到解决。当员工觉得他们不够自主时，再多的钱也无法消除他们的不满情绪。同样，那些觉得自己的工资过低或者能力被低估的员工可能并不在意自己在工作中是否拥有更多的自主权。

由于价值观差距对内在动机和外在动机的作用是完全不同的，因此公司可以通过两种途径了解员工的动机。

外在动机

外部激励因素是指个体的需求没有得到满足时会产生不满情绪的因素。因此，期望与激励之间的差距解释了个体不满的原因。外部激励不足，可能会导致消极的结果，例如，离职、员工贡献度低以及员工主观失误。

外部激励的重点在于应该满足个体的基本需求，而不是过度补偿。研究表明，过多的外部激励，例如薪酬福利等，会提高个体对这些奖励的期望值。这并不是说人们的工资应该维持在最低水平，而是说工资应该与工作性质相匹配。过度的薪酬补偿极有可能导致个体对薪酬的期望越来越高，组织的成本不断增加，并有可能会使生产率降低。

内在动机

有一个利润丰厚且正在快速发展的幸福产业，人们称之为"人人都能获得奖杯的青年文化"。参与者只需要付出半天时间及刚好在预算内的金钱，便能获得幸福感。组织者以此来刺激人们的乐观情绪。这个产业存在各种各样能激发人们的动机的激励产品。值得注意的是，鼓舞人心的演讲确实令人兴奋，但是这种激励的效果是暂时的。

在 HPMI 模型中，内在动机的三个方面包括自主性、归属感和成就感。内在动机是基于工作的目的和意义而努力且独立做好工作的动机。与外部激励不同的是，组织对内部动机相关因素的激励应该远远超出其应有的最低水平。一旦内在动机没有被组织激励，员工就很有可能丧失工作的动力、缺乏积极性。组织重视这些因素有利于显著改善员工的绩效、工作敬业度以及其他许多重要的方面。

个体之间的基本需求并不相同。我们在前文中曾经介绍了激励的下限和上限（如图 10-1 所示）。没有一个基本需求水平标准适用于每一个人，除非每个人都是一模一样的。从行业的角度来看，医生的经济性期望值高于销售人员，咨询师的自主性期望值高于会计人员。当然，同一个群体内部成员之间的期望值也有很大的不同。

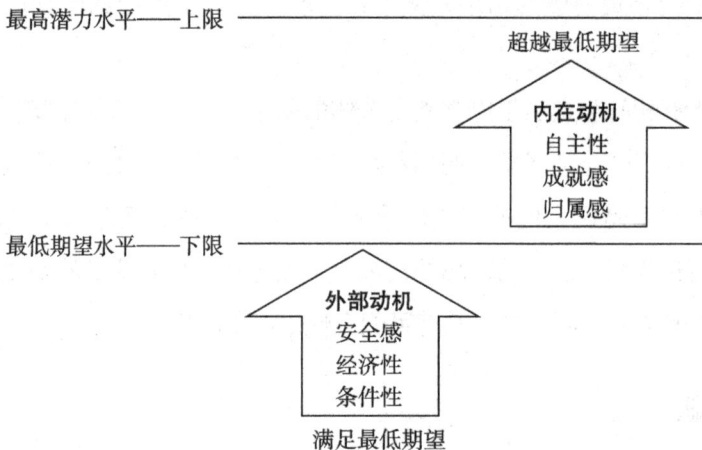

图 10-1　激励的下限和上限：满足外部动机期望，超越内部动机期望

激励因素

不同的动机差距可能会产生相同的效果。无论是内在动机还是外在动机，巨大的动机差距都可能引发问题。但是，如果动机差距并非仅通过经济激励就能解决那么简单，激励的方法就可能大不相同。

此外，价值观差距并不总是可以补救的。当然，并不是所有动机差距都会产生如此极端的后果。组织需要注意，有些动机差距是不可以通过激励来解决的。例如，有些雇员需要薪酬激励，而有些雇员则需要更多其他方面的激励才能使其更有动力、更有成就感。

当个体最低水平的外部动机得不到满足时，不满情绪就会出现。当不同的组织和在组织中扮演的角色可以满足个体更大的内在动机时，贡献程度和忠诚度也会发生变化。

千禧一代的动机

接下来，我们将通过案例来探讨千禧一代的动机。我们相信以下案例将改变人们对千禧一代的刻板印象。

案例研究

答米塔是一名 23 岁的奥地利女性，她的父亲是伊朗人，她的母亲是奥地利人。

她是我见过的比较积极主动的人之一。但是，她不愿意成为人们口中的"老油条"，也没有兴趣把自己的才华和抱负用于发展一个对他人毫无益处的事业上。可以说，她是最佳雇员。事实也表明，在每一项工作中她都表现得很出色，哪怕她并不觉得某项工作对她具有激励作用。我们将在稍后对这一原因进行分析。她是一个拥有全部高潜力指标的典型代表。

她的成长背景对她的动机的形成有很大的影响。她出生于工人阶层，从小住在社会保障性住房里。艰苦的家庭生活及成长过程中坚持各种体育锻炼使她变得更坚韧。

　　她学习成绩优异，这给她带来了许多机会。她的母亲通过努力工作来支付她读私立学校的学费。她说："我的老师从小把我当作神童来看待，这意味着大家对我的期望更高，如果我不能满足他们的期望，很有可能让大家对我无比失望。"在 15 岁时，她获得优等生竞赛第二名，该奖项创立于 1744 年，旨在表彰优秀的年轻人。曾经获得该奖励的有维克多·雨果（Victor Hugo）、路易斯·巴斯德（Louis Pasteur）和乔治·蓬皮杜（Georges Pompidou）。在 19 岁时，她在伦敦大学（世界顶级的研究型大学）戈登史密斯学院获得理学学士学位，并荣获本科生学术研究金奖，该奖励主要表彰参与学术研究的本科生的积极性和主动性及个人潜能。在 20 岁时，她获得伦敦大学心理学硕士研究生学位。

　　她的成长背景使她对成功的渴望超过了同龄人。因此，在她的动机测评结果中，稳定性和条件性得分较高。对于她来说，经济性和安全性的需求并不是那么迫切，保持在基本水平就可以（如图 10-2 所示）。

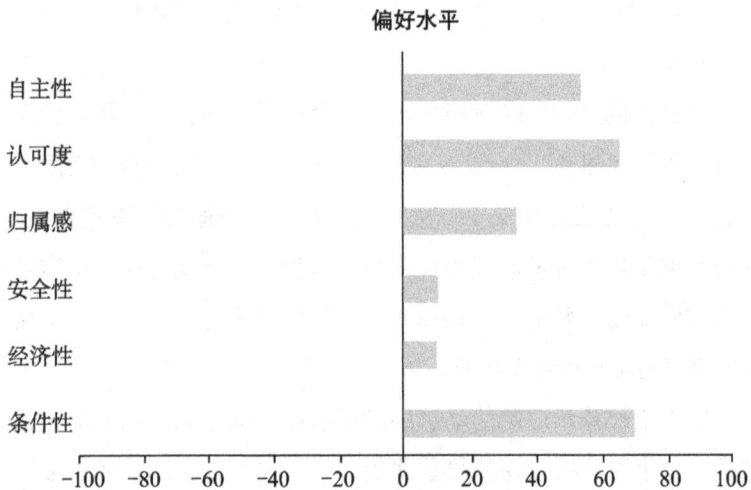

图 10-2　答米塔的动机画像

她的工作能力突出，职业素养高，充满激情和雄心壮志，能流利地说三种语言，而且正在学习另外三种语言。她的第一语言是德语，并且说英语时带着纯正的美式口音。她非常渴望通过努力在事业上获得成功。这种热情对她的事业非常有利，但也是一把双刃剑。她对很多事情充满热情，却很难持续下去，因为她想要做的事情太多了。或许大多数 20 岁左右的年轻人都像她一样会基于多角度探索不同的工作，直到找到自己最合适、最想要的职业方向为止。

她的动机和独立性与人们对千禧一代的印象并不一致，但是某些特征也确实符合人们的刻板印象，例如希望获得发展机会、快速进步、有所作为，希望自己做出的贡献能够获得认可和赞赏等。她的激情与社会企业家精神吻合。她雄心勃勃，希望通过做有意义的工作帮助他人。因此，她的自主性需求非常高，一旦她所在的公司不能满足她在自主性方面的需求，她就有可能变得缺乏动力，并最终离职。

她曾在营利性的咨询公司工作，在每个岗位工作时她的绩效都很优异，但她无法坚持在同一个岗位工作很长时间。她也曾兼职辅导学生，她很热爱这份教职工作，并且希望能够因此对学生产生积极的影响。她参与慈善机构的各种公益活动。她并非理想主义者。在咨询公司工作时，由于工作的挑战难度不够高，无法充分发挥她的潜力和能力，也没有足够的发展空间和价值，因此她选择了离开。她希望因为自己对别人有价值而被认可，而并非因为个人的成就得到认可。

她参与成立了一个慈善组织，任务是教授奥地利和叙利亚的难民讲德语。她的目标非常切实可行和明确。她认为帮助难民提高语言技能，有利于他们找到工作，开始新生活，进而融入社会。她希望看到难民和她一样拥有同样的成功机会。但是一年后，她离开了这家公司，因为公司的发展方向过于理想化、不切实际。这就像许多组织的特点一样，有伟大的想法却没有执行力。她说，他们的教学理念是大家一起坐在公园野餐、唱歌、交朋友。但是，她认为，组织的目的不仅仅是交朋友。这个案例表明，代际内的差异和代际间的差异都有可能是巨大的。这个案例也展示了这种差距是如何产生的。组织中的每个人可能拥有统一的目标，但是不同的激励需求导致每个人被激励的程度不一样。

答米塔对未来持务实的态度。答米塔说，任何职业都有其价值，但是在一定条件下有些职业对人们是有害的，这取决于你到底怎么做。如果你是一名医生，你可以成为神经外科医生，也可以和无国界医生组织合作。

如果结构和责任不明确，组织就无法发挥作用。许多组织可能没有明显的问题，但是也没有明确的目标和绩效结果，这可能会导致人才流失，给人才带来挫败感。

答米塔有着非凡的动力，是高潜力人才，并且有成功的经历。并不是每个人都有这种经历，也不是每个人都具有雄心壮志。答米塔的动机不像大多数人的那么平凡，她更重视结果和帮助他人，而非她个人的进步。如果组织能够正确引导这种动机，那么极有可能能够促使她不断改善绩效，也更能吸引高效、积极、敬业的员工，因此，了解员工的动机差距对组织开发高潜力人才是非常有帮助的。

同一代人的动机可能千差万别。越来越多的年轻人喜欢待在家里，这些人被称作"回巢族"。他们可能会一直待在家里，把沙发弄得乱起八糟，把麦片吃光，即使没有一直待在家里，他们也可能一拿到毕业证书就立即溜回家。回巢族是指那些二三十岁还与父母住在一起，并给父母带来经济压力的人。甚至有些成年子女一直住在家里，过着啃老族的生活，却让父母背负债务。但是答米塔等年轻人并不属于此类。所以，并不是同一代人都有相同的经历，我们不能以刻板的眼光看待同一代人，这是雇主们应该注意的。

我问答米塔想给 6 岁时的自己提出哪些建议，她说，"一个大大的拥抱，坚持阅读"。对于任何人来说，这可能都是一个好建议。

小结

动机差距可以解释一个人的动机并预测其相关行为。动机差距与工作敬业度和组织承诺等密切相关，激励与动机不匹配可能会使人失去动力、精疲力竭。

本章通过介绍两个间谍的极端案例说明了动机缺失可能导致的后果。这些例子事实上与组织中 HR 面临的挑战并无区别。每个组织都面临着员工的薪酬、价值观与组织期望不匹配等挑战。

此外，本章以答米塔为例解读了千禧一代的积极特征。前面三章已经提到，任何一代人的动机都是多种多样的，年轻一代也不例外。组织通过理解员工的动机，了解动机背后的原因、动机的强烈程度和动机差距，根据他们的动机提供适当的激励和补偿，也许能够获得改善绩效、开发员工潜力的机会。

M otivation And Performance

A Guide To Motivating A Diverse Workforce

第 11 章

外包动机

导论

工作的性质和就业关系正在发生变化。越来越多的人开始通过远程交流独立地从事咨询工作，灵活的雇佣关系越来越受到人们的青睐。虽然如此，也有一些人对工作灵活性的需求并不高。本章将介绍外包动机。

外包生产和服务并不是新鲜事。自19世纪以来，英国纺织企业在生产和劳动力方面都采取外包模式，外包也成为英国企业扩张的突出特征。20世纪后期，外包得以快速发展。批评者认为，外包可以使企业利用廉价劳动力，还可以使企业规避国家劳动法的约束，但也可能损害工人的权利。纳尔逊·曼德拉（Nelson Mandela）说："全球化意味着有钱有势的人现在有了新的赚钱方式。他们可以利用廉价劳动力降低成本，进而变得更加富裕。因此我们应该为了自由而抗议。"支持者认为，外包让世界变得更小，市场更加灵活。米尔顿·弗里德曼（Milton Friedman）说："大约在1492年，全球化1.0时代，世界从大世界变成中世界；在全球化2.0时代，世界变成跨国公司时代，从中型企业发展到小型企业；大约在2000年，全球化3.0时代，世界从一个小世界变成了更小的世界。"

外包的本质是将技能水平较低的、简单的工种或者缺乏内在激励的工种外包出去。这种方式对改善工作环境非常有利，因为最缺乏内在激励的工作可以以更低的成本被转移到海外。呼叫中心以低投入、员工不满和高离职率而臭名昭著，它是外包的主要工种。外包意味着这类工作不再由公司内部执行。当公司需要削减部门成本时，可以考虑外包。

外包不仅仅是将大规模、生产型的工作转移到劳动力成本更低的地区。本章介绍的"分包"可能更适合公司，分包涵盖了将工作转移出组织的所有可能方法。

分包案例

规模最大、利润最高的公司倾向于在全球范围内配置劳动力资源。苹果公司的产品上印有"加利福尼亚州设计、中国制造"的字样。苹果每年有数千万的销售量，而消费者希望以他们能够负担得起的价格购买更新的产品，此时分包能起到重要作用。《福布斯》的一项研究表明，若统一生产，每部 iPhone 的成本约为 4 美元。但是，将生产所需的数十万劳动力集中到一起进行加工是不可能的。而分包为降低成本提供了可能性。但是多年来，针对分包的批评不绝于耳。经常有报道批评苹果在中国的工作条件恶劣，例如过度加班、加班费问题、健康和安全风险、不安全的工作环境的风险、沟通方面存在障碍等。海外分包的动机如下。

- **内在动机**。一些雇主和组织的企业文化并不太关心海外员工的情况，但是这将破坏员工的内在动机。HPMI 的内在动机模型中包括归属感，这表明公司的社会责任感能够激励员工。许多人的内在动机包括帮助他人——运用自己的技能完善团队、工作成果，帮助客户以及改善整个社会的状况。如果一家环保慈善机构持有化石燃料企业的股份，一个儿童慈善机构雇用童工，那么这些组织的任何激励方法对员工都可能毫无作用。组织的业务若是具有建设性的或者涉及慈善投资领域，可能会对员工起到难以置信的激励作用。这正像我们在第 9 章中强调的，组织的业务必须协调一致，才有可能塑造强大的、有活力的组织文化。

- **外在动机**。对任何公司来说，海外员工遭到不公平待遇的事情可能是一场公关危机。尽管不同国家有不同的劳动法、最低工资标准、不同的组织文化，但是如果让一个 11 岁的孩子工作 16 个小时来制作一款闪亮的新设备，这款产品估计很难被消费者接受。分包可以节省成本，但是公司还要考虑分包过程中的潜在成本。商业伪善及隐性剥削一直是人们关注的话题。

外包的潜在问题及其后果突出了监督的重要性。外包和分包的好处之一是公司可以只获取成果，不参与管理。虽然公司仍然需要向提供服务或商品的人支付报酬，但是这种方式为其解决了难题。

但是，适当的监督仍然很重要。下面，我们谈谈分包时公司需要考虑的问题。

零时工合同

零时工合同是一种概述雇主和员工之间的工作关系的合同。它的主要特点是不限制员工的上班时间。雇主和员工之间是正式的雇佣关系，但雇主不需要承诺一定会为员工安排工作。例如，雇用某人作为独立承包商。

签订零时工合同的员工的占比很高，而且这一比例还在不断增长。在 2015 年，英国有近 75 万名员工（占员工总数的 2.4%）签订了零时工合同。在签订此类合同方面的代际差异很明显，6.7% 的年轻员工（16 ~ 24 岁）和 3.6% 的年长员工（65 岁以上）签订了零时工合同。

人们对零时工合同的争议比较大。一些人认为零时工合同可以让雇佣关系更加灵活，能够满足雇主的需求。另一些人则批评零工时合同剥削了那些需要工作但是没有其他选择的人。在一定程度上，这两种观点都是正确的。我们真正需要考虑的问题是什么样的就业关系更能激励员工。

人们针对零时工合同进行过一场激烈的争论。像代际问题一样，有争议的双方都提出了各自的观点。虽然对某些人来说，零时工合同是可以接受的，但是对另外一些人来说，则可能意味着挑战。在英国，大多数零时工表示不需要更多的工作时间；24%的人希望可以适度延长工作时间；12%的人希望有一份工作时间更长的新工作；5%的人希望有一份兼职工作；5%的人目前没有工作时间。这些数据说明，零时工安排对一些人来说有效，但是大部分工人对此却感到不满意。

研究还表明，零时工合同工的学位更低（21%，劳动力市场平均比例为31%），他们更有可能来自英国以外的地方（48%，劳动力市场平均比例为25%）。英国特许人事与发展协会的研究表明，14%的零时工合同工每周工作时间不足，而在兼职人员中，38%的人希望工作更长时间。14%的人表示，雇主提供的工作时间经常少于他们维持基本生活所需的工作时间；18%的人表示这种情况偶尔会出现但是并不常见；20%的人表示他们甚至没有被安排相应的工作，从而使他们的生活变得更糟糕。50%（劳动力市场平均比例为6%）的人年收入低于1.5万英镑。还有一项研究表明，只有13%的人表示希望继续执行零时工合同。

虽然零时工合同导致某些人的生活陷入困境，但是仍然有许多人的收入能够维持他们的基本生活。当他们无法工作时，也不会遭到相应的惩罚。所以，有些人对这种安排是满意的。我们不探讨零时工合同的利弊。我们从这种新型雇佣关系中可以看出两点：一是工作保障如何影响动机；二是有关执行的问题。接下来，我们将通过对比两个例子来探讨零时工合同中可能存在的极端差异。

首先，假设一个高薪、高技能的专业人士60岁退休。在退休6个月后，他决定重新参加工作，但是并不想回到全职工作岗位。而雇主也不能承诺为他安排固定的工作时间，但可以将具体的项目交给他。在这种情况下，零时工合同就变成了双赢的安排。他们之间是正式的雇佣关系，雇主需要按小时支付薪水，但不提供其他任何工作保障。但是他有机会完成自己心仪的项目。

其次，以配送中心的工作为例。工人签订零时工合同后会在每天早上7:30 打电话询问那天是否有工作安排。如果有工作安排，轮班时间可能是几个小时甚至 12 个小时，甚至在轮班工作时间，业务量可能会有所调整，他们有可能被要求提前离开工作岗位。对有些人来说，这种安排是没有问题的。但是，如果这份工作的报酬不足以让工人维持生活，那么就可能让他们陷入恶性循环。变化无常和不可预测的工作性质使他们很难有机会找到额外的工作。因为有些雇主会在零时工合同中注明不允许雇员和其他雇主再签订工作合约。这类合同将使工人面临更大的挑战。

这两个例子中的雇员都没有被强制要求必须工作。他们可以拒绝轮班，或者选择几天甚至几周都不工作。如果这类员工的基本生活全靠这份工作，那么这种安排就可能使他们担忧。有人可能会说，没有保障的收入和工作总比没有好；而有些人可能会认为，低收入工作使工人的生活难以维系因此是不公平的。罗琳斯甚至讽刺道："只要给美国人支付足以生活的工资，他们就能购买美国制造的产品。"

技术参数

还有一种争论是关于公司培训及高潜力人才培养的。我们曾经讨论过这种"支出陷阱"。公司在招聘入门级职位时往往都要求应聘者有一定的工作经验，这一点会对不稳定、薪酬水平低的工作带来深远的影响。这类工作很少会为员工提供培训和发展机会。公司雇用工资低、技术水平低的工人的原因是他们可以只用很少的钱和时间就可以找到接替者。所以，很多雇主认为，这类岗位本质上不值得他们进行投资。

这就可能导致大量的劳动力失去职业前景，没有任何改善的机会，甚至找不到工作机会。虽然，任何一个雇主都没有培训人才的义务，这应该是公共教育体系的目的所在，但是，这会造成一种最后没人为此承担责任的局面，这种集体的不作为最后将影响所有人。

未来的人才争夺战和劳动力短缺将影响深远：38% 的企业表示难以填补空缺岗位，这一比例已达到自 2008 年金融危机以来的最高水平。人才短缺对业务发展的潜在影响如图 11-1 所示。任仕达预计，到 2050 年，英国将出现 310 万劳动力缺口，占劳动力总数的 9%。麦肯锡研究显示，到 2020 年，全球将有超过 200 万接受过高等教育的人才短缺，有 4 500 万接受过中等教育的人才短缺；在发达经济体中，低技能岗位所需的工人缺口将达到 9 000 万。

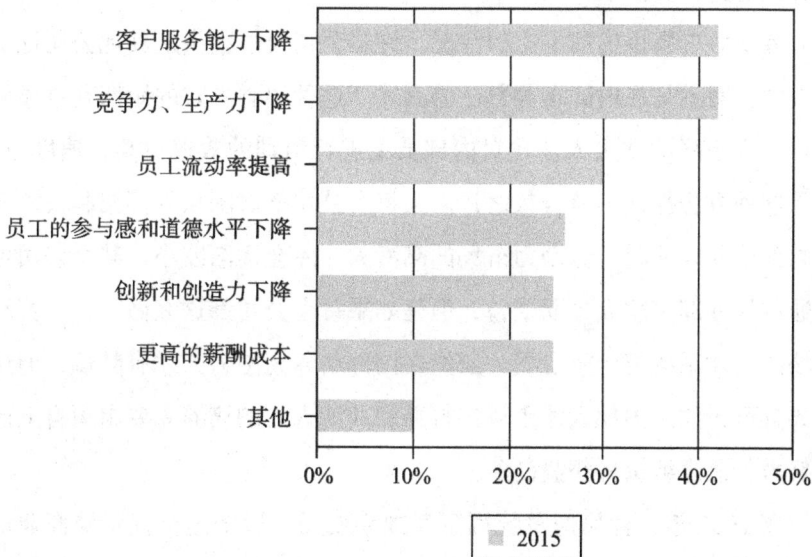

图 11-1　雇主有关人才短缺对业务的影响评价

资料来源：万宝盛华集团，2015

　　问题的严重性不仅仅表现在劳动力市场的人才短缺，在技能差距方面的表现更突出。许多人甚至抱怨国家的教育体系、高等教育等并没有为劳动力市场短缺做好准备。《财富》（Fortune）杂志上的一篇文章指出，"换句话说，大学生缺乏实操训练。大学教学生如何思考，但是并不为他们提供各类真实的锻炼机会，因此，大学生毕业时并没有为适应社会做好准备。"这种说法非常正确，这就类似于经济学中的"公地悲剧"。

　　公地悲剧这一概念是由 1833 年维多利亚时代的经济学家威廉·福斯特·劳埃德（William Forster Lloyd）提出来的。在 20 世纪 60 年代由生态学家加勒特·哈丁（Garrett Hardin）推广。英国有不受监管的公共牧场，这片牧场由多个农场主共同拥有。公共牧场的潜在好处是这片地对所有农场主都是平等的，任何一个农场主都可以在这片牧地上过度放牧。问题在于，所有农场主都要因此承担过度放牧造成的损失。每个农场主都可能会过度放牧，从短期来看，这些过度放牧的农场主成了赢家；从长期来看，没有人是真正的赢家。

　　劳动力市场也出现了类似情况。许多公司通过猎头从其他公司挖走顶尖人才，而不是在内部培养自己的人才。这种招聘方式的短期利益显而易见：引进空降的顶尖人才比对内部员工进行培训的效率更高、速度更快。但是这种方法往往不是长久之计。当每个公司都试图从外部招聘人才而非从内部培养人才时，劳动力市场的高潜人才库会逐渐缩小。某个公司可能会通过从外部招聘人才而受益，但是如果每个公司都这么做，整个劳动力市场的人才系统将严重受损。虽然在内部培养高潜力人才有弊端，但这是必要且可行的。内部人才市场的打造和高潜人才的培养需要组织自上而下地努力，最终组织将获益良多。

　　在 1962 年，肯尼迪总统视察美国宇航局。后来这次视察被商业记者和励志演说家当作经典案例广为传播。视察期间，肯尼迪总统与宇航局的保安有过一段对话，他说："我是杰克·肯尼迪，你在做什么？"保安说："总统先生，我正在帮助别人登上月球。"许多人喜欢这个故事，因为它暗示了每个人，不管处于什么职位，都能感觉到自己正在为实现公司或集体的愿景、使命做出贡献。

这种情况是可能的。但是，如果雇主和雇员之间的雇佣关系不协调，或者彼此不共同承担责任，要达到这种愿景和使命的统一、提高员工的敬业度和塑造统一的组织文化就难得多。在这个故事中，我们可以想见这个保安不太可能是签订零时工合同的工人。零时工合同的缺点在于很难让工人感觉到自己是公司的一部分，因为雇主从来没给他们承诺过会给他们提供任何形式的保障。

最好的高潜力人才模型应该基于对未来发展的预测以帮助组织发现员工的潜能。知识可以学习、可以传授；经验可以习得。一个聪明的、有责任心的员工即使现在处于被忽视的职位上，未来也可能拥有巨大的发展潜力。关键在于，拥有潜力的人才进入公司后必须有伯乐能够发现他们。

接班计划例证

零时工合同确实能够满足某些工作类型的特定需求。这类合同对某些雇主和雇员来说是有益的，但是也很容易被滥用。一个来自政府部门的警示和真实案例突出了这类安排的共同问题和潜在机会。该部门的员工大多经验丰富且都临近退休的年龄。他们的能力有限，却又需要在紧迫的时间内交付工作成果。其中一名工人在退休后，领取了养老金。为了填补这个职位空缺，该部门与这名工人签订了零时工合同，以保证工作能正常运作。从本质上来说，他们现在为该岗位支付了双倍报酬（全额退休工资和零时工工资），从短期来看，这种解决人员短缺的方案切实可行；从长期来看，没有接班计划，没有长期的培训和人才开发战略，可能会加剧长期劳动力短缺的情况。

可行的解决办法可以是：与其让退休人员继续做和以前一样的工作，不如雇用他们来培训、指导继任者。这种做法更有远见，并有可能起到强大的激励作用。从财务的视角来看，让退休员工继续做以前的工作，同时获得养老金属于外在动机；从知识、技能和经验积累的视角来看，由于这些知识、技能和经验可能随着员工退休而丧失，因此可能属于内在动机。

雇用退休人员培训继任者，关注他们的角色价值及他们给公司所做的贡献，不仅仅是关注工作所需的技能，这种方式极有可能会激励经验丰富的专家将他们独有的专业知识、有效完成工作的技巧传授给新人。所以，为什么不把培养接班人纳入退休计划呢？假定这些人并不是自由的、消极的、急于离开的，将传授知识、展示技巧、体现价值的机会给予这些职业生涯末期的人，还有什么比这种方式更能激励人心呢？

这种做法对新人也具有激励作用。跟着一位经验丰富的专家学习如何开展工作本身就具有激励作用。这是一种比简单的入职培训更有效的培训方式，也是帮助新人迅速成长的捷径。教练或导师将其掌握的独特专业技能或某些资源传授给新人，有利于培养新人的归属感。这种方式更能够激发处于早期职业生涯阶段的员工的积极性，激励他们对组织做出贡献，降低员工的流动率。许多人可能并不认为自己将会为某家公司长期工作，原因之一往往在于公司并没有给他们机会。

不仅年轻一代遭受歧视，老一代人也容易被人遗忘。例如，如果被长期忽视，年长员工的潜在价值以及他们乐于提供这些价值的动力就可能丧失。

小结

工作的本质以及雇佣关系正在发生变化，这种趋势还将持续发展。分包工作中的挑战与机遇并存。组织必须考虑短期利益与长期后果，确保雇佣关系符合组织的整体愿景和战略，如果这些因素不匹配，就有可能导致组织的盈利能力下降或者生产率下降。

本章讨论了有关分包和外包的潜在挑战。如果考虑有所欠缺，可能会对员工或承包商的动机、绩效产生负面的影响。在更加严格的制度和就业环境的背景下，新的制度和安排可能会限制员工的机会。灵活性既是机遇也是挑战。在第 4 章我们讨论了动机测评的重要性和有效性，本章侧重于讨论传统雇佣关系和新型雇佣关系对动机和绩效的不同影响。

Motivation And Performance
A Guide To Motivating A Diverse Workforce

第 12 章

黑暗面及破坏性动机

导论

当我们形容一个人"有动力、雄心勃勃"时表示这个人有决心，这与个人的成就动机有关。当我们想剖析动机时，意味着我们必须掌握"做这件事的目标是什么"。

我们通常将动机看成积极的内在驱动力。但现实中，也有些人非常热衷于做一些令人讨厌的、具有破坏性的事情。这是为什么？

在第 8 章，我们讨论了过分傲慢和对名誉的渴望在极端情况下会造成破坏性影响。相关研究表明，心怀不满的员工不一定是消极的，他们很有可能渴望高度的自主权、渴望有所作为。但是，当他们无法在自己的职责范围内行使自主权时，就可能通过一些灵活的、不够严谨的言辞来发泄不满以隐藏他们的动机。激励人们朝着正确的方向前进，也许能够有效帮助组织改善绩效；而若激励人们往错误的方向前进，人们就很有可能会做出对组织不利的行为。

黑帮、邪教和恐怖组织

人们加入某些团体、组织、政党或者社区组织，去教堂等都是因为人们需要归属感。但是如果加入了有毒的或者具有破坏性的组织会怎样呢？

人们往往认为那些最奇怪、最离经叛道者容易受到这些破坏性群体的吸引。这是一个常见的错误观点，心理学家称之为"归因偏差"。归因偏差是指人们倾向于将自己的成功归因于自己的积极性格，把自己的失败归咎于环境、机遇或命运；人们常常将他人的缺点看成内在的，将他人的成功看成外部因素促成的。事实上，那些做出过具有破坏性或者其他类型的邪恶行为的人与一般人的共同点比你想象的要多得多。

人们谴责那些具有破坏性的犯罪行为，把其归咎于道德问题。人们认为，邪恶的组织只会吸引邪恶的人，守法正直的普通公民是不会被吸引的。但事实并非如此。与其指责极端分子或者组织的破坏行为，还不如先来理解邪教、极端分子和犯罪组织的吸引力。

有关邪教和极端组织的研究表明，这些组织通过五种共同的方法来吸引人们加入其中。这五种方法甚至适用于所有不良组织。虽然这些组织不以那么极端的形式存在，但是它们同样促使员工做出不良行为。这些不良行为在法律允许范围内，却突破了道德或者伦理的界限。类似的不良行为通常发生在金融领域，例如交易人员的不道德行为经常被忽视，但是他们却往往能盈利，甚至在某些情况下，他们的行为会被默许。本书第 13 章讨论的安然公司就是类似的典型案例。

所有团体都通过提供友谊、共同的身份、价值观、尊重和稳定性来吸引人们加入其中。以邪教组织为例，他们同样提供稳定的组织结构、学习新技能的机会、培养与他人合作的能力等来提升成员的忠诚度。破坏性组织通常有三个共同点：有利的环境、合谋的追随者、破坏性的领导者。

有利的环境

具有威胁性的、不稳定的环境可能会鼓励整个组织（包括领导层）做出破坏性和有害的行为。在需要人们采取迅速而果断的行动时，不稳定的环境（如经济和社会动荡），可能会促使领导者获得更多权力，树立更高的威望；在很难分配和明确责任时，封闭或复杂的决策系统也可能成为破坏性行为的有利环境。

个体能感知到威胁，尤其是来自外部的威胁是这类环境的共同特征。威胁、虐待、绝望以及经济困难等使人们更容易宽恕激进的领导者，也更容易受到非理性的民粹主义的影响。

缺乏制衡和监督是有害领导环境的一个关键特征。在这类环境中，破坏性行为不受控制、不受监管，从而可能导致破坏性情况失控。这类组织往往缺乏对权力系统的限制，其错综复杂的管理和治理结构允许人们不恰当地使用权力。

当人们面临威胁需要寻找安全感时，这类有利于破坏性行为滋生的环境就有可能成为破坏性行为的激励因素。

合谋的追随者

合谋的追随者是有害组织的重要组成部分。试想一下，没有支持者，没有他们提供的帮助和信息，破坏性组织的领导者什么也做不了。虽然有些追随者是有意做出某种行为的，他们试图从领导者那里获得好处，但是许多追随者的行为并非经过深思熟虑。人们追随"有毒领袖"，往往是因为他们觉得有必要维持社会秩序、融入群体、服从权威或者模仿地位更高的人。

外部动机是合谋的追随者和有毒的领导者勾结的常见原因之一。人们愿意采取必要的手段来满足从未被满足过的基本需求（外部激励因素）。那些担心资源、安全或者条件的人最有可能受到有毒领导者的吸引。这也可能是世界上最不发达的国家或者那些新兴国家往往拥有最腐败的政府的原因。

野心是合谋的追随者和有毒的领导者勾结的另一个原因。那么，野心是什么？通常，无论那些动机差距巨大的人的薪酬多高、是否得到充分赏识等，他们都更有可能受到有毒领导者的吸引。那些有野心追求个人利益的人不会在乎团体或者组织的结果，因而更容易被有毒的领导者利用。像安然公司的丑闻一样，也正是因为野心勃勃的人不计后果地追求巨大的经济利益所致。

破坏性的领导者

破坏性的领导者有五个特征：个人魅力、权力的个性化运用、自恋、消极的生活方式、仇恨的意识形态。

第一，破坏性的领导者往往极具个人魅力。虽然不是所有拥有个人魅力的领导者都具有破坏性，但是大多数破坏性的领导者都富有个人魅力。他们有着对美好未来的强烈且清晰的愿景，并且能够很好地表达和展现自己、拥有强大的个人能量。

第二，自恋、充满自信是破坏性领导者的常见特征。他们通常有着对自己超乎寻常的、自以为是的、浮夸的幻想。在商业领域，类似的过度自信可能会导致决策失误。

第三，破坏性的领导者为了达到自己的目的使用权力和影响力。有道德的领导者倾向于为了更大的利益使用权力，并立志于为组织和组织中的成员做出有益的改善，破坏性的领导者不考虑结果对他人的影响。

第四，破坏性的领导者往往在早期的成长生活中经历过创伤、接受教育时面临困难或者无法应对挫折，这些成长问题是促成后来他们做出破坏性行为的原因之一。

第五，破坏性的领导者往往拥有仇恨的意识形态。他们倾向于从外部敌人的角度来看待这个世界，通常他们会找替罪羊来分散人们关注真正问题的注意力。

大多数破坏性的领导者都拥有上述五种特质，上述特质使他们能够在短期内有效获得权力，尤其是当合谋的追随者和有利于破坏性的环境为他们带来机会时，他们更可能长期领导破坏性组织。

有毒组织的手段

有毒组织通常采取五种手段来控制其追随者。

- **断绝关系**。邪教组织迫使其成员断绝与家人和朋友的联系。由于新成员与现实和外部世界绝缘，因此他们会逐渐将邪教内部发生的所有事情视为常态。组织往往会通过长期监督来确保成员不受公众舆论和道德规范的影响。

- **绝对服从**。极端主义组织无法容忍成员有异议。这种组织通过制定一系列武断或琐碎的规则，迫使人们无条件地服从。这种组织的理念是，必须让新成员尽早意识到无条件服从的必要性。

- **单调的工作**。组织中的成员往往需要做耗时长的、体力透支的工作。组织会通过安排一些不需要动脑筋的、琐碎的任务迫使新成员身心俱疲、无法抗拒或独立思考，从而迫使他们无条件地服从。

- **非法挣钱**。所有群体都需要金钱来维持生存和发展。有些组织可能比其他组织更看重资金，甚至让新成员参与筹资过程。新成员经常被用来非法获取经济利益。

- **高昂的退出成本**。离开组织或者不遵守规则可能面临极端的后果和惩罚。邪教组织会迫使成员意识到，离开组织的代价远远高于留下来的代价。正常的组织也有类似的做法。例如，雇主通过撤销奖金或者要求退回奖金，向其他公司传达有关员工的负面信息等来防止员工离职。

有些人更容易受到这些手段或者不可信的领导者的影响，激励和动机差距是主要原因。个体的特征千差万别并使人在决策选择上更富弹性，但是动机差距，尤其是外在动机方面的差距，更容易迫使一些人受到破坏性领导者的影响。尤其是，当破坏性的领导者能够提供某种对成员有价值的激励时，往往更能换取成员的忠诚。

误导性动机

动机背后的原理与动机的类型同样重要，下面谈谈动机的六个因素，并探讨最强的动机为什么可能变成破坏力。以下的例子将说明个人和环境因素是如何影响动机性质的。

自主性

员工重视工作中的独立性，希望能够掌控自己的工作和工作方式。

当有抱负、有理想的人渴望拥有自主权时，组织可以追问：为什么需要自主权？有些人的动机是提高盈利能力、改善绩效，这种动机是非常积极的。有些人则希望通过盗用资金、滥用公司权力或者损害他人的利益来获取利益，这类动机需要能够及早被察觉。

工作中的自主性是一种强大的激励因素。绩效突出者应该获得自主权，这有助于激励他们。但是赋予员工一定的自主权并不意味着不对其进行监督。自由和灵活性与工作中的问责和监督并不冲突。

成就感

成就和认可是重要的激励因素。所有人都希望自己的努力能够获得认可。但是，对于成就和认可的过度关注可能产生令人难以置信的破坏性影响。例如，窃取他人的工作成果、寻求不应得的赞美和奖赏、不惜一切代价寻求关注等。大多数人是为了顺应社会环境，他们希望被接受、被喜欢，也有些人对成就和认可的需求超乎寻常，他们甚至在冲突和混乱中都想成为主角，宁愿在毁灭中成长，宁愿被人厌恶，也不愿意默默无闻。这类人往往不顾后果，不怕制造麻烦。

归属感

为团队做出贡献，为伟大的事业贡献力量，成为令人钦佩的人也是激励因素。

那些重视人际关系质量、寻求和谐、希望能够为更伟大的事业做出贡献的人往往更容易被操纵。被动的追随者往往是操纵型和破坏性领导者的理想合作者，他们甚至可以很快在存在威胁的环境中成为合作者。

安全感

有些人重视工作的安全性和可靠性，并准备为实现这一目标做出某些程度的牺牲。当这些需求得到满足时，安全感不再是激励因素。但是，当安全因素未被满足时，这些人可能就会变得非常脆弱，他们的忧虑和压力甚至可能在办公室恣意蔓延。

在这种情况下，他们可能愿意不惜一切代价保证安全。专制的领导者会承诺给予员工安全感，以换取不惜一切代价维护组织利益的忠诚。因此，那些重视工作稳定性的人更容易为获得安全感做出牺牲。

经济性

工作需要报酬，大多数人工作是为了挣钱。当个体愿意不惜代价追求经济补偿时，例如，为追求更高的薪酬而不顾及法律和道德的后果，或者不顾及是否会损害整个公司的利益时，经济性的动机便可能成为破坏性动机。

例如，感到经济价值被低估的员工更可能窃取公司的资源，其严重程度可以是为报复而偷窃办公室里的铅笔，也可以是侵占公司或者客户的资金。

条件性

不同的员工对工作条件和工作环境的需求不同。对于干净、安全和舒适的工作环境的追求本身并不具备破坏性，但是如果这类动机没有得到满足，或者即使员工感到舒适，却期望付出更少的努力获得更高的回报，而不是希望把工作做得更好，那么这类动机就可能变得具有破坏性。

组织防御机制

组织需要利用防御机制应对员工的错误动机。防御机制可以用来描述个人，也可以用来描述组织。无论是个人还是组织都需要警惕和意识到这些错误动机发挥作用的条件及可能性。

弗洛伊德将防御机制的概念引入心理学，他的女儿安娜则发展和扩展了这个概念。安娜最著名的观点是，焦虑和压力是由某种事件或者威胁引发的，负面情绪会对潜在威胁做出反应。后来，这些概念继续被解释和作用于人们如何应对组织的变革当中。

随着时间的推移，每个人都会经历不同类型的挫折、失败和错误。不同程度、不同形式的压力是每个人生活的一部分。没有一条职业道路会一马平川，人们不可能总是得到自己想要的东西，失败、羞辱、羞愧和失望一定会突然出现。

压力往往会自动引发"战斗或者逃跑"的反应。人类和动物的大脑一直在进化，以应付危险。以蜥蜴为例，在遇到危险时，它们需要在一瞬间做出是战斗还是逃跑的决定。但是逃避问题或者与同事争吵是下策，真正富有成效的方法是防御机制。

不同的人面对压力有不同的反应，应对压力的方法也不同。这些反应可能是以前习得的，可能是有效的，也有些方法不一定奏效。专制的管理者可能会发现严格控制员工会降低员工的士气；性格乖张、反复无常的领导者可能永远都只会说一些陈词滥调，因为他为了迎合自己而无法做出决定。

防御机制可作用于组织和团体。企业文化通常是防御机制的一部分。当组织面临困境或者遭遇威胁时，组织中的人可能会做出下述反应。

- **压制**。即眼不见、心不烦。压制问题是对抗压力的一种常见方式。组织结构和会计系统错综复杂的组织更容易隐藏问题。为了避免引发严重的后果，问题往往会被转移、隐藏甚至遗忘。问题被压制或者被隐藏并不意味着问题不存在，反而可能变得更加难以收拾。在这类文化中，几乎每个人都是同谋，而人们对后果的恐惧将促使问题被隐藏得越深。

- **否认**。即故意拒绝承认事实。这种文化表现为一旦发现问题，就否认问题。例如，令人不安的报告遭到鄙视，这将导致数据和调研结果变得更加不真实。公司只希望看到一切都很好。否认文化是助长公司泡沫文化的燃料。在公司处于迅速成长期时，高利润率和投资回报率这样的假象导致的助燃效果可能会更强，甚至有可能引发灾难。

- **投射**。它包括把责任推卸给别人。例如，将一个人的缺点、失败和错误归结于其他人。有些老板非常善于投射，他们往往会将企业的责任归咎于外部因素，例如经济状况或劳动力市场状况等。如果政府或者监管机构是环境的一部分，那么监管机构也可能变成被指责和投射的对象。他们可能会说，他们本来可以挣很多钱，但是监管机构不允许等。代际差异也是投射的重要目标。一些经理习惯说，再也找不到可靠的人了，新一代员工懒惰、无能，不适合现代职场等。但是如果一家企业的员工流动率为 50%，其竞争对手的员工流动率仅为 10%，那么这类投射就是自欺欺人。

- **反向形成**。对专制或者虐待型领导者的抗拒，可能会使员工产生与其真实的内心情绪全然相反的情绪就是反向形成。例如，员工会将老板的具有侵略性的和热忠于巩固权力的特质视为强大的；即便公司是在欺诈客户，员工也会觉得愿者上钩。

- **升华**。是指将不适当的欲望，例如性与侵略等转化为更有益的反应。对同事或经理的愤怒可能转化为更健康的反应，如锻炼。个人生活中的压力可能促使个体变得更加努力等。升华可能是一个健康的出口，也可能不是，这取决于升华的具体行为。如果行为指向是积极的、亲社会的，则是健康的。例如，伐木公司利用部分利润来重新种植树木，石油公司支持慈善环保事业，银行支持艺术、文化和人道主义组织等。

- **合理化**。健谈者和受过良好教育的人擅长合理化。合理化是指用复杂的法律、知识和伦理等论据来解释令人不安的情绪，或者用复杂的、想象出来的推理来使某些情绪和行为变得理性化。这类行为的主要表现为无休止地谈论问题的不可避免性，而不是试图解决问题。有些公司也有类似的做法。例如，每次政府提高最低工资标准时，许多公司都会委托委员会进行复杂的经济分析，以解释为什么给员工稍微提高一点点工资就可能导致资本主义和民主制度的崩溃。

- **转移**。无辜的受害者会倾向于运用这种方法，而不是去寻找问题的根源。例如，愤怒的工人回到家，踢了猫一脚。未受教育和失业的人倾向于责怪移民政策影响了他们的生活和饭碗。当政客们无能为力时，他们试图将自己的权力转移到外界。那些厌恶欺凌或者骚扰的人，可能会努力转移其愤怒情绪。在恃强凌弱盛行的专制组织中，转移很常见。总统通过侮辱下属的报告转移自己的无能，下属不能反击，而只能将这种侵略性行为继续传递给他们的下属，从而形成一条责任转移指挥链。恃强凌弱者往往知道谁是最容易被攻击的目标。当侵犯和虐待的行为在公司中被接受时便可能像传染病一样蔓延开来。忽视也是一种常见的替代办法。呼叫中心的工作人员既不能对客户咄咄逼人，也不能对客户公然无礼，因此他们可能变得被动，既不提供帮助，也不逃避。这类处理方法的本质和转移类似。
- **退行**。是指回归孩子气的、不成熟的行为。这类人喜欢生气，生气时会忘记事情的本质。退行有时是有效的，因为诸如"哐"的一声关上大门、大喊大叫、生闷气等不合适的、吸引人的注意力的行为可能会使人们产生紧迫感。工会和政府之间的谈判往往会陷入幼稚的谩骂和指责中，复杂的谈判可能变成小打小闹，因为他们觉得伤害对方比解决问题更重要。

如果上述防御机制在公司文化中普遍存在，便意味着该公司需要理解这些信息并正确对待，以确保产生防御机制的根本原因不被忽视。那么，公司该做出何种反应呢，是责怪、忽略、做出解释还是予以处理？

三种黑暗因素与动机

虽然有各种各样的方法能概念化这些黑暗面和不良影响，但是我们仍然提炼出了与工作动机和行为最直接相关的三个主要因素——不规矩、内向、工具性。这三个因素不一定具有破坏性，在一定程度上，还可能是积极的，但如果是极端的，则将对公司造成损害。

三个主要因素如下。

不规矩。不规矩以规则为导向，风险较小，但仍然具有不良的倾向性。例如，在较低的层次上，玩笑和恶作剧可能是无害的，但如果太过分就会给同事和工作带来困扰。一些进化心理学家支持极端的冒险行为，他们在媒体上谴责 2008—2009 年的经济危机，认为有些领导者通过仁慈和示弱换取成功，从而忽略了潜在的危险。在这一因素上得分较高的个体更容易受到薪酬和经济性补偿的激励，不太容易受到工作条件的激励，如表 12-1 所示。

表 12-1 不规矩与动机之间的相关性

动机	相关性
薪酬	0.17
条件性	−0.11
经济性	0.27

内向。内向指一个人的外向指数和社交能力。在较低水平上，这类人容易紧张、逃避社交；在中等水平上，具有一定的外倾性；在更高水平上，可能会变成寻求关注、追求完美、自恋。在这一因素上得分较高的个体较少受到工作环境的激励，更容易被信息的获取、他人合作等从属动机激励，如表 12-2 所示。

表 12-2 内向与动机之间的相关性

动机	相关性
条件性	0.23
归属感	−0.20

工具性。工具性指个体对结果的关注程度。这类个体往往会通过不惜代价完成任务来达到目的。在较低层次上，这类人的表现为优柔寡断、无法完成任务、没有能力做出决定、不愿意牺牲个人利益；在中等水平上，面向结果，是一个积极的属性；在更极端的层面上，可能会变成马基雅维利式的操纵行为，变得不择手段，如表 12-3 所示。

表 12-3　工具性与动机之间的相关性

动机	相关性
自主性	0.48
经济性	0.26
归属感	0.44

在工作中，高工具性和不道德的决策之间存在相关关系。适度的工具性水平有利于培养创造力，高水平的自恋和自信与自评创造性相关，却没有更好的创造性表现。一项针对 39 位美国总统的研究表明，工具性评分不仅与个人魅力正相关，还与个人绩效正相关。高工具性的领导者也倾向于任职更长时间，并能创造更多的立法成就。此外，若拥有更高的智力水平，高工具性的领导者也更容易成功。

那些具有较大影响力的人，更容易受到三个内在因素（自主性、成就感和归属感）激励。在正常水平上，这是健康的；但如果这类动机变得过于强烈，就有可能导致他们忽略结果对组织和同事的影响，从而变得具有破坏性。

一项针对 237 人的黑暗面特质和 HPMI 激励因素的调查显示，这些黑暗面特质和激励之间存在很强的相关性。图 12-1 是一个流程图，显示了三种黑暗因素和激励因素之间的相关关系，图形的面积表示相关关系的强度。

图 12-1　黑暗面特质与激励因素相关关系流程图

最优化与自适应黑暗面

有一些迹象表明，适度的黑暗面特质在工作中可能是有益的，正如极端的人格特质也有其优点、负面和不受欢迎的一面一样。即使属于阴暗面，大多数人也处于统计上的"平均水平"，心理学家称之为"正常值"，几乎所有的个体差异特征都呈正态分布。大多数人（68%）的特质处于平均水平的一个标准偏差之内，很少有人有极端的特质。黑暗面的特质是罕见的。任何一种特质都有其长处和短处，只不过在极端情况下，这些长处和短处会被放大，逐渐变得更加明显。

黑暗面存在一个最优范围。在极端情况下，即使是被认为健康、有益的特征也有可能引发个体的负面表现。例如，健康的、高度自尊的极端表现为自恋。创造性思维在极端情况下的表现为分裂型或者偏执型。对冲突采取武断的态度可能显得咄咄逼人、恃强凌弱等。也就是说，当我们武断地以线性思维思考这些特质，并简单地认为自己一定要变得更好或者一定会更坏时，也可能做出错误的判断。例如，好东西太多也有可能成为一种负担。

小结

黑暗面可以解释工作中人们的许多破坏性和不受控制的行为，它与误导性动机、破坏性领导和有助于破坏性行为产生的环境相关。当我们探索黑暗特质时，不仅应该关注人们对什么感兴趣，还应该探索动机背后的原因。理解动机产生的原因可以帮助减轻或者预防破坏性行为。防止黑暗面演变成破坏性行为有四个基本要素，如下所示。

- **监督**。适当的监督是组织管理的基本工具。人们往往认为，破坏性冲动可能引发破坏性行为，但事实上，破坏性冲动也有可能成为解决问题的机会。良好的公司治理需要辅以适当的监督，以确保员工的破坏性冲动最终不会演变为破坏性行为。人们需要工作中的自主权，也需要支持和指导，以确保工作不会偏离正轨。通过监督及早察觉和发现警告信号，掌握监督的工具和知识是有价值的。
- **测评**。破坏性行为的可能性往往早有预示。对黑暗面的测评有助于及早发现这些可能性。评估人员应该了解这些潜在的问题，而动机就是一个强有力的指示器。若个体的动机未得到满足就可能会引发严重的后果。因此，理解和衡量组织中的动机有利于发现潜在问题，并在事态变得严重前予以解决，以避免或者减轻破坏性的影响。

- **支持**。黑暗面往往是在孤立状态下萌生并不断壮大的。那些在工作中感到沮丧或者幻想破灭的人更可能会在组织中感到被孤立。与组织内外的其他人（例如值得信任的朋友、配偶、教练或导师）建立密切的、有建设性的关系，接纳他们的良好建议，有根据地做出明智的、有建设性的决策，可以缓解这种情况和避免引发严重的后果。不幸的是，那些最需要朋友或者同事意见的人往往是最抵触、最不愿意倾听的人，他们往往因为某些不良行为失去了朋友的支持。破坏性行为与社会孤立相关，并最终形成螺旋式的孤立反应。

- **自我意识**。了解和意识到自己的个性特质有助于预防破坏性影响。也就是说，若知道什么情况可能会煽动自己的破坏性情绪和行为，我们就可以提前采取预防措施。

在《路西法效应》（*The Lucifer Effect*）一书中，菲利普描述了个人是如何被"有毒三角"腐蚀，进而形成偏离正轨的心理因素的，并探讨了该如何帮助人们预防破坏性影响。

在本书的最后一章，我们将介绍三个真实的案例：一个最差实践案例和两个最佳实践的案例。

Motivation And Performance

A Guide To Motivating A Diverse Workforce

第 13 章

最佳实践案例与
最差实践案例

导论

本章将介绍三个真实的案例。我们将通过介绍最近几年取得了显著成功的两家公司，提供最佳实践范例；通过介绍一个失败公司的案例，来提醒人们关注失败的征兆。

每个公司、每个人都可能犯错误。成功和失败赋予了人们挑战与机遇，二者的区别在于，在潜在的问题变得更严重前，人们如何识别并提前解决它们。

第一个故事是关于安然公司的。在很长一段时间里，人们将安然视为成功的典范，直至这家公司一夕崩塌为止。这家公司曾经被认为拥有最优秀、最聪明的人才，这些人为该公司获得的无与伦比的成功做出了卓越贡献。但是，最终它崩溃了，作为一个团队典型案例，他们几乎拥有好的团队所应具备的所有特质，却最终做出了具有破坏性的行为。第二个故事是关于 G Adventures 的最佳实践案例。这是一个通过有效激励促使公司盈利增长的案例。第三个故事是关于 Ryan LLC 的，我们在前文中已经介绍过该公司，本章将继续介绍该公司如何创建一个强大的、具有建设性的组织文化，并如何有效运用测量工具改善公司的内部管理。

积极的案例研究表明，企业可以大幅度提高盈利和生产效率、改善员工福利。值得警惕的是，企业不会自动朝着好的方向发展，管理层需要对此保持谨慎和不断付出努力，并需要意识到不可信的、冲突的价值观可能会引发可怕的后果。

　　这些案例都来自不同的行业、不同的国家，有着不同的商业和运营模式。众所周知，成功的经验是不可以复制的，对一个人起作用的东西对另一个人可能毫无影响，不同公司的具体情况以及员工方面的差异也可能非常显著。因此，本章提供的案例仅供读者参考。在盈利或者激励员工方面没有绝对黑白分明的模式，从他人的成功和失败中获取经验和教训，并深刻反思本公司或者本组织的优缺点才是阅读本章内容的价值所在。

警示案例：安然与破坏性组织文化

　　安然公司成立于 1985 年，破产于 2001 年，持续经营了 16 年的时间，曾经是一家看起来非常璀璨的公司。事实证明，在短暂的历史中，它所建立的具有创造性的会计业务一度是出色的。与此同时，不道德的和不可持续的会计流程导致其迅速倒闭，并最终因为会计欺诈而臭名昭著。

　　安然的发展速度之快几乎令人难以想象。2000 年，该公司的年收入为 1 000 亿美元。2006 年，该公司股价达到 90 美元 / 股的巅峰，跃身成为世界第六大能源公司。2000 年，《纽约时报》（ The New York Times ）将其定义为"具有企业家精神的典范"，并引用该公司总裁的话，"可以用两个词来概括安然的管理哲学：宽松和从紧"，宽松意味着放松一切与创造力有关的东西。显然，所谓的宽松包括了会计实务。2001 年，该公司的所有成功理念全部被推翻。2001 年 10 月，安然公司迎来了四年来第一个亏损季——亏损金额达 6.18 亿美元。美国证券交易委员会随即对之展开调查，并在其内部发现了一个庞大而复杂的用来隐藏巨额债务的系统。

　　安然的会计机制并不重要，重要的是其中的细节。感兴趣的朋友可以阅读《房间里最聪明的人》（ The Smartest Guys in the Room ）一书并观看其同名电影。值得注意的是，这不是一个有关无能的团队的故事，而是一个拥有天赋的领导者和专家的团队利用他们的动机和才能做出具有破坏性的行为进而不懈地赚取财富的故事。

他们利用复杂的金融机制进行高风险投资，促进公司的发展。在公司里，拥有聪明才智的人被高度重视，因为他们可以为公司赚取金钱。安然总裁杰弗里·斯基林（Jeffrey Skilling）在商学院求学时曾被哈佛大学教授问及他是否聪明，他的回答是"我很聪明"。他最喜欢的书是理查德·道金斯（Richard Dawkins）的《自私的基因》（*The Selfish Gene*）。这本书塑造了达尔文主义的世界观和商业观。安然公司提倡残酷的竞争文化，鼓励员工不惜一切代价挣钱。安然的前交易员谈到这种文化时比喻道，在去老板办公室的路上，如果踩到别人的喉咙，薪酬就可以翻番，那么安然的员工便真的可能为了双倍薪酬去踩别人的喉咙。类似的行为不仅得到允许，甚至有可能带来更丰厚的回报。在安然公司，对于表现优异的员工来说，500 万美元的奖金并不罕见。

这是一个有关将动机引入黑暗面并产生破坏性行为的典型案例。当侵略和破坏不计后果，不考虑同事和客户的利益，而被视为有利可图时，这其实就意味着对破坏性行为的鼓励。安然公司从来没有停止过会计操作及高风险的金融赌注，并且还利用其规模及对能源行业进行资源垄断来操纵市场。安然的本质运营手段是敲诈政府和客户，因此，安然成为政治捐助者，并完成了给予共和党乔治·布什（George Bush）的一笔最大的政治捐助。2000 年和 2001 年，在加利福尼亚州能源存在危机的背景下，安然公司策略性地人为干涉了能源贸易，制造能源交易假象，将能源在不同地区间进行转移以制造哄抬价格的假象，抬高能源交易价格。他们向政客们游说放松管制，并利用随后放松管制的机会，以低于 250 美元每兆瓦的价格购买电力，并在其他地区以高达 1 200 美元每兆瓦的价格出售。安然公司操纵的这场能源危机使能源价格相比正常价格膨胀了 10 倍，并导致加利福尼亚州各地轮流停电。试问，安然的做法正确吗？按照惯常思维，如果一家公司是盈利的、持续发展的、能给予股东丰厚的回报，并能够给员工优厚的薪酬，那么，他们如何经营业务又有什么关系呢？问题在于，他们的手段、目的正当吗？如果安然公司至今仍然很成功，也许这个问题的答案就值得玩味，但是其成功是短暂的。

安然公司最终功亏一篑，谎言、欺诈和虚假账目成为其败笔。后来终于有人指控该公司的高级领导层为了自己的利益洗劫了公司的利润，而公司内部事实上已经腐败不堪。尽管该公司的股价飙升、利润暴跌，不良投资被一笔勾销，但是在积极寻求扩张的过程中，公司的许多人通过这些不良交易获得了高额回报。安然公司的成功曾一度导致安然内部的员工用毕生的存款和养老金购买公司的股票，使该公司的股票价格居高不下。遗憾的是，高管们洗劫了数百万美元，而普通员工则失去了一切。

2001 年 1 月 29 日，安然总裁的妻子南希·雷（Nancy Lay）说道："已经消失了，我们拥有的一切就是安然的股票，现在都消失了，不留任何痕迹。"消息传开后，安然的股票从每股 90 美元暴跌至每股 1 美元以下，投资者的损失高达数十亿美元，其中许多人都是该公司的员工。2001 年 12 月，安然公司申请破产，5 000 多名员工失业。这个案例的教训至今仍值得我们警醒。名誉扫地、被定罪的安然前老板安德鲁·法托斯（Andrew Fastow）曾在 2015 年警告称，与他在安然任职期间相比，现在的公司有更大的空间可以违反规则。他表示："利用规则呈现虚假繁荣并不难做到，大多数公司不会采用我曾经的做法，因此他们可能不需要遭遇和我一样的困境，但是在不同程度上，有心者利用规则漏洞确实不难。"

当公司错误地将动机导向破坏性的，甚至非法的活动时，他们最终会失败，而其后果可能牵连甚广，波及员工、股东、客户甚至一些更广泛的利益相关者。一旦赚取财富成为公司的首要目标，并且以不惜一切代价为前提，从长期来看，公司要付出的代价可能是异常沉重的。

从安然公司的案例中，我们可以总结出如下教训。

- **书面政策与实际操作之间的差距**。尽管安然有审计实践、治理检查表等各种文档，并制定了各种规则，但是，这些政策和制度都只是流于形式，并没有落实到位。该公司的主流文化是不择手段地赚钱，而若没有完成目标则会受到惩罚。这就导致公司内部形成一个紧密联系的圈子以确保可以规避某些规则，而那些获得最大奖励的人往往负责监督和管理。

- **成功的错觉**。媒体的报道为安然创造了一种成功的形象，同时也为其带来了不断提高业绩和赚钱的压力。对安然的高度赞誉使安然形成了一种自身不可侵犯的错觉，从而使安然的领导者忽视了公司内部的真正问题。公司内部的沟通变得不再流畅，虚假的信息泛滥，权力过度集中。

- **适得其反的激励**。安然仅仅基于已完成的交易进行奖励，并不考虑长远的现金流，哪怕是亏损的交易也能使员工获得巨额奖金。在公开场合，高管们承受着巨大的压力，要求继续公布利润，而实际上，公司隐藏着可怕的财务状况。体制问题使这一切注定是一段失败之旅，为了延长其垮台的时间，领导层权衡利弊、隐瞒真相，并最终使后果变得更加糟糕。

- **名誉依赖**。公司依靠著名的企业和机构来提升其形象，聘请知名的律师事务所和投资银行做顾问，利用媒体在哈佛商学院等受人尊敬的学府大肆宣扬自己的成功。与大多数观察者和评论家一样，这些投资者并未能充分调研和质疑这种表面的成功。正如我们在前文中讨论的，监督和问责制是防止类似情况发生的重要工具。

- **盲目的信任与贪婪**。毫无疑问，公司内部的过度信任和投资者的过度贪婪也促成了这一虚假繁荣的局面。安然很快成为人们致富计划的一部分，因为它让某些人挣到了巨额财富。正如在第 8 章所讨论的，人类大脑的一部分仍然没有脱离猕猴等灵长类动物的本能，投资者不仅是这场骗局的受害者，还积极参与并推动了这场骗局。快速致富的计划总是颇具吸引力，但是结局可能以令人泪目而告终。
- **易受欺诈的系统**。放松管制以及当时市场的运作方式极易滋生欺诈行为。安然正是利用了这一点，从而利用系统的漏洞，实施了不道德的和犯罪的行为。有毒的环境将滋生有毒的行为，缺乏管理和监督可能导致不择手段。

安然公司的案例是一个悲剧，但是也能为公司运作起到警示和借鉴的作用。适当的监管是必要的，适时督察公司内部的动机是否具有建设性或者破坏性，并及时有效干预，可能会避免造成严重的后果。

最佳实践案例 1：G Adventures

G Adventures（在下文中将其为 "G 公司"）是一家探险旅游公司，它于 1990 年由布鲁斯·普恩·替普（Bruce Poon Tip）在加拿大多伦多创立。在过去的几十年里，G 公司从仅有一人的公司成长为拥有 1 300 多名员工的国际公司，该公司取得了非凡的成就和成功，他们将成功归功于遍布全球各地的员工。

G 公司对人力资源和公司文化有着非同寻常的态度。我们就该公司的成长和成功的原因对肖恩·格雷厄姆（Sean Graham）进行了采谈。肖恩极具热情和感染力，热爱自己的工作，认同公司的价值观。他强调，员工对公司异常重要，员工的成功就意味着公司的成功。虽然，大多数公司都有类似的论调，例如最重要的资产是员工等，但是肖恩和 G 公司确实有其独特之处。

G 公司将培训和人力资源开发提升到了新的水平。公司致力于以一种员工享受过程的方式给员工提供大量的发展机会，打造有凝聚力的文化。来自全球各地的员工被派往全球各地参加培训和各类业务，例如新晋升的领导者可能需要在哥斯达黎加待上一两周。G 公司鼓励团队竞赛，员工因此能够获得了解来自世界各地不同团队的机会。这些团队竞赛非常有趣，是公司精心制定的人力资源管理政策的一部分。

G 公司的有些做法甚至看起来不够严肃。例如，公司的每个人都可以选择自己的头衔，例如"文化教授""快乐制造者""快乐小维吉米特""万能工匠""解决方案者"等。而公司员工对这些职位头衔沾沾自喜。本书第 7 章讨论了组织的政策应该与组织文化相适应，G 公司的这种做法恰恰与公司的文化相吻合，这为他们的成功奠定了基础。他们的政策都是经过深思熟虑后才制定的，旨在激励员工并改善公司的效率。可以说，G 公司的成功建立在员工的敬业度上，建立在员工积极乐观的工作态度上。散发青春和活力正是其成功商业模式的核心。

G 储备（G Stock）是一年一度的公司静修活动。每年，公司会从世界各地挑选 200 名员工，与公司总部的 200 名员工一起参与静修。所有相关费用由公司支付。静修期间，公司会发放奖品和礼物，会通过开通论坛的方式针对静修活动进行探讨和交流，安排为多伦多市民进行才艺表演，举办文化集市，组织寻宝游戏等。类似的做法能对员工给予认可和激励，从而促进公司的最佳实践。

这个活动的目的是使公司总部与世界各地的员工紧密地联系在一起，了解来自一线员工的心声。这是一种奢侈、昂贵的信息收集方式，却可以促进公司内部的沟通，获得来自员工的认可，并且非常有效，也非常适合公司所处的行业。我们曾经探讨了内在激励上限的概念，事实上，类似的做法虽然简单，却是促成内在激励的有效工具。将公司所有刚得到晋升的管理者集聚一堂，让他们共同工作、友好竞争、相互学习，将极大地增强团队的凝聚力。公司未来的领导者不应该只是坐在教室里，一心一意研读领导力的课程。一起工作、直接学习团队合作和领导技能，并与来自世界各地的未来领导者建立关系是更加有效的提升领导力的方法。这类旅行的目的地安排也是有趣的、吸引人的，对于团队成员来说，这不再仅仅是获得奖励这么简单。肖恩告诉我，有一句玛雅·安杰洛（Maya Angelou）的名言能够恰如其分地表达这一点，"人们会忘记你说过什么、忘记你做过什么，但是人们永远不会忘记你留给他们的感觉"。或许，这正是 G 公司的成功之处和魅力所在。

公司的成长和持续的成功为其实践方法背书。在 25 年的时间里，它从一家只有一个人的公司成长为拥有 3.5 亿美元收入的国际化公司，客户满意度始终保持在 99% 左右。旅游公司因员工流动率高（平均流动率为25%）而知名，但是 G 公司的员工流动率仅为 5%。2016 年，该公司被评为"加拿大最佳跨国雇主之一"，位列前十。G 公司总裁普恩·提普总结了他们成功的经验，他说："我希望打造这样一种氛围，人们来上班，不仅是因为喜欢，更是因为能够为更大的事业做出贡献。"不论处于什么岗位、什么层级的员工都能被公司吸引和召唤，这或许就是激励和投入的核心所在。

最佳实践案例 2：瑞安公司

本书第 7 章已经介绍了瑞安的例子，该公司创造了基于灵活工作时间和结果的绩效管理系统，极大地赋予了员工工作自主权。

瑞安是激励的典范，它主要通过有效地使用测量工具和软件来开拓其业务、激励员工。该公司的工作制度灵活，员工的考核完全基于客观表现，员工可以在任何时间、任何地点以任何方式参与工作。

瑞安是一家成功的税务服务公司。自 1991 年以来，收入稳步增长，从第一年的 15.6 万美元发展到现在的每年 4 亿美元的规模。在此期间，瑞安经历过一系列变革。20 世纪 90 年代末和 21 世纪初，公司希望员工每天至少工作 8 个小时，每周至少工作 50 个小时，领薪员工的假期被取消。随着公司的发展，员工的工作条件不但没有得到改善，反而变得更加艰苦。因此，当时这家公司以"血汗工厂"闻名，虽然薪酬丰厚，员工的流动率却高达 20%。众所周知，对于税务服务等行业来说，20% 的员工流动率意味着巨大的成本，即便对于盈利和增长型公司来说，也不例外。

瑞安将问题看作机会，开始有意识地运用测评来了解组织发展，从错误中学习，并将问题当作成长的催化剂。2008 年，他们取消了每周 50 个小时的工作时间制度，改为提供弹性工作制。这意味着，员工可以根据工作的需要合理安排自己的工作时间。同时，该公司还提供带薪产假、陪产假、医疗假（在美国，这类假期不需要付薪）等假期和休假福利，员工可以自主决定自己的假期安排和休息时间。员工的绩效根据其实际表现来衡量，每个人什么时候工作及如何工作都由他们自己决定。

以下数据或许可以说明瑞安成功的原因。2005 年一组来自瑞安的员工调查数据表明，当时的情况是值得担忧的：

- 员工参与决策，良好的工作环境：62%；
- 鼓励平衡工作和生活：42%；
- 综合所有因素，这是一个很棒的公司：67%；
- 期待在办公室工作：58%；
- 我愿意为公司长期工作：58%；

- 我对我们为社区所做的贡献感到满意：55%。

实行弹性工作制之后，雇员的态度发生了明显的变化，如图 13-1 所示。调研的内容没有变化，顺序有所调整，包括：

- 员工参与决策，良好的工作环境；
- 我对我们为社区所做的贡献感到满意；
- 期待在办公室工作；
- 鼓励平衡工作和生活；
- 我愿意为公司长期工作；
- 综合所有因素，这是一个很棒的公司。

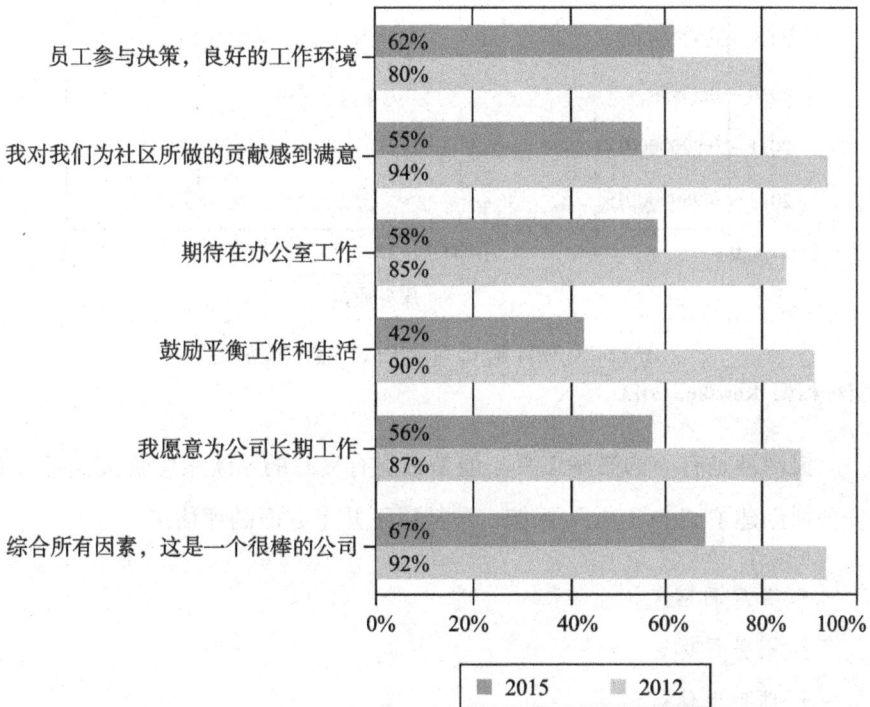

图 13-1 2005—2012 年瑞安公司雇员满意度调研结果比较图

资料来源：Kowske，2013

2008 年，瑞安公司的弹性工作制得以实施后，客户服务质量得到了显著提高，并在随后的几年中稳步上升（如图 13-2 所示）。新制度实施的第一年，公司的员工流动率下降了一半，这恰恰证明了：弥补动机差距的做法成效显著；忽视动机差距，可能导致员工失去动力、懈怠拖延，并最终导致较高的离职率。

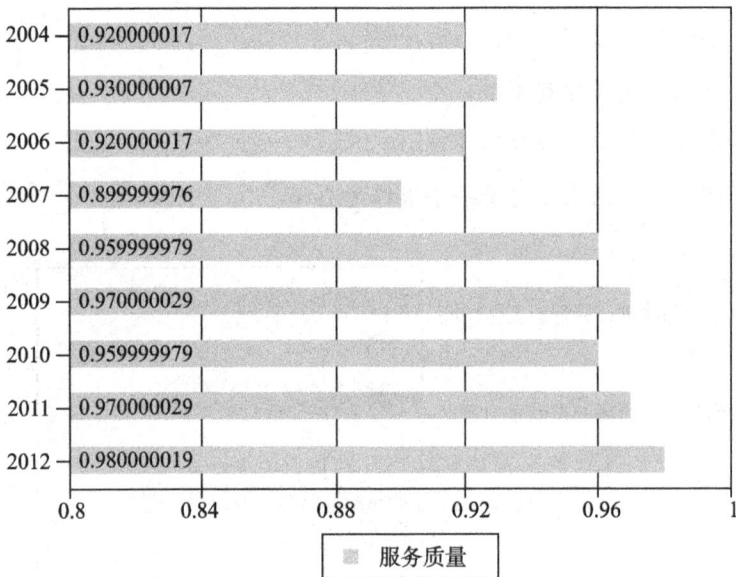

图 13-2　2004 年 12 月瑞安公司客户服务质量

资料来源：Kowske，2013

灵活性是有力的激励工具，但是必须有良好的系统来监督其执行。瑞安公司创建了"myRyan"系统，包括以下几个方面的评估：

- 客户满意度；
- 财务目标；
- 项目评估；
- 360 度评价；

- 个人绩效评估。

如表 13-1 所示，瑞安公司制定了标准评估表。主要业绩指标在评估中占绝大部分权重，强调财务目标和客户服务质量。其次重要但相关的目标被视为评估的第二层，占比为 20%。值得注意的是，虽然第二层并非最重要的，但是仍然是必要的。

表 13-1　瑞安绩效评估框架

	最高值	标准值	最小值	实际	实际完成值与标准值的比值	权重	得分
第一层（80%）							
财务目标	$	8 000 美元	0 美元	16 000 美元	200%	40%	80.0%
客户服务	6	5.8	5.2	4.9	94.2%	40%	37.68%
第二层（20%）							
公司范围内的政策	5	4	3	3.5	125%	5%	6.25%
领导和管理	5	4	3	4	100%	0%	
核心竞争力	5	4	3	2.5	62.5%	5%	3.13%
合计							127.06%

有四个因素值得考虑。第一，不同层次有不同的衡量标准、不同的权重和相对重要性。财务目标超额有利于整体绩效评分的提升。第二，基准测试将关注那些高于平均水平的绩效。第三，任何员工的进步都是显而易见的、可以被发觉的。第四，领导力和管理潜力虽然可以评估，但是占比为 0，这有助于识别潜在领导者，却也表明领导能力不是核心能力，也不是大多数人工作中的必要组成部分。我们在第 7 章已经讨论过这种绩效错觉。

挑选出潜在领导者是所有组织的重要工作之一。瑞安的系统考虑了领导潜力的识别，并有助于公司采取措施关注那些对管理工作感兴趣的员工。一名瑞安的员工说：

去年，当我表达有兴趣承担更多的领导职责后，公司很快便安排我参与新业务的招聘、培训和指导流程，安排我参与领导力培训，并及时向我反馈建设性的意见。在参加这些培训和完成任务的过程中，我与高层领导密切合作，学会理解政府资助项目，学习整合收购业务、培养团队等技能。不仅如此，瑞安的绩效评估系统还能帮助员工识别问题、实现目标。例如，当超额完成任务，客户服务得分却低于基准分或者最低分时，瑞安的系统会提示员工改善客户服务质量，并引导员工思考，是什么导致客户满意度较低，有什么办法可以改变这种状况。

在瑞安，团队也可以根据情况灵活地做出决策。公司通过绩效管理、反馈和沟通，运用相关技术，签订协议（如关键办公时间、预定会议等）等，来衡量团队内部的绩效和基准，并允许管理人员基于绩效框架对某些因素进行调整，以便适应特定团队的环境和职责。

本书第3章讨论了以家庭为导向的人力资源政策是如何良好地运作的，而本章探讨的是在办公环境中如何激励员工的案例。瑞安的例子表明，公司可以帮助员工较好地平衡工作和家庭。我们来看看两个有关瑞安员工的案例。

一般来说，上班时间陪伴孩子是不被允许的。而我们公司执行的是弹性工作制，因此可以自己安排工作时间。公司允许我参加孩子们的课外活动，即使在工作日提前离开公司也不需要为此感到愧疚和不安。去年以来，我儿子加入了镇上的棒球队，每次他参加比赛和训练时，我都有机会坐在看台上，看着他对我笑。陪伴儿子成长这种回报确实让我激动。可见，瑞安的制度减轻了妈妈们的压力，给妈妈们提供了很大的空间，使她们既可以上班又可以陪伴孩子。

2013年的春天，我遇到了难题。姐姐那怀胎九个月的孩子要出生了，几个月之前她就邀请我当她的分娩教练，我也向主管请示过，当姐姐需要时，我得随时待命。上午10点，我正在参与税收电话会议，她打电话来说孩子要出生了。当天的电话会议异常精彩，我希望在尽可能的情况下不错过这场活动，因此，我预备工作到下午一点，参与完下午的联邦预算分析工作再离开公司。但是，经理坚持让我马上离开，并向我保证团队可以处理好一切。事实上，员工有需要时，公司一直将员工放在首位。

公司的绩效评估系统对业务的影响也是非常积极的。2008年弹性工作制实施后，不仅员工满意度得到大幅度提升，公司的业绩增长也非常可观。2012年的收入比2008年时高出52%，达到3.5亿美元；2013年，公司业绩突破4亿美元，同时，员工人数也翻了一番，从677人增长到1 582人，2015年增长到2 100人。2016年，瑞安获得"最佳跨国雇主"称号。

公司的管理层也毫不掩饰对公司绩效评估体系的赞美：

绩效评估系统有利于进一步认识和了解我的团队，并明确团队期望，从而帮助每名员工确定具体的目标，及时把握机会解决可能出现的问题，更好地为实现团队目标服务。

瑞安是一个打造优秀文化的实践案例。公司盈利水平与员工对自己的工作满意度相辅相成、互相促进。这一点值得成长中的中小型企业学习。成长中的公司的利润会增加，但是由于专注于扩张，可能会忽略员工的成长。而消极、不开心的员工可能使公司付出高昂的代价和成本。瑞安的经验如下。

1. 找到合适的方法：适合本公司的方法并不一定适合所有公司。成功的

经验不可能被完全复制，合适的才是最好的。没有一种方法能保证一
定能帮助所有公司获得成功。

2. **让员工参与管理和决策**。让每个人参与进来，当遇到困难时，他们才
更有可能采取合作的态度，而不是幸灾乐祸地说"你搞砸了"。

3. **预见成长中的不确定性**。并不是每个人都能接受不确定性，但是预见
并管理好不确定性是非常重要的。

瑞安的案例告诉我们，即使成功的、盈利的成长型公司也有巨大的改
进机会。研究表明，改善员工的工作环境有利于提高公司的效率。瑞安的
绩效评估系统就提供了这样一套解决方案，可以帮助公司变得更好。

小结

关于工作动机和绩效的研究有利于公司找到合适的激励方法，帮助公
司提高盈利能力、生产力，并让工作本身变得更富有成效。这条通向成功
的实践之路并不是坦途，但是，无论如何，对于那些预备创造巨大竞争优
势的公司和个人来说这意味着机会。

研究表明，组织绩效和员工福利并不冲突。提高生产力和利润并不需
要以牺牲员工的幸福和健康为代价。积极、敬业的员工在工作中可能更富
有成效和创造力，也更可能为公司做出更大的贡献。好的工作环境是组织
文化的一部分，将为员工发挥全部潜力提供机会。

代际差异告诉我们，职场中存在大量的错觉和错误认识，刻板印象可
能导致公司做出糟糕的管理决策。偏见有可能是有意识的，也有可能是无
意识的，而错误的偏见可能导致员工丧失动力。代际差异的研究提醒人
们，基于性别、性取向、种族和其他任何形式的歧视都是无意义的。公平
的实践才可能为扩大公司的人才库创造机会，以及吸引和激励合适的员工

为公司创造竞争优势。

本书第 11 章讨论了包括外包、合同和雇用协议（如零时工合同）等在内的概念和趋势。动机无对错之分，我们也不能简单地以好坏或者有益和有害来形容有关工作的安排，因为事实可能介于两者之间。最重要的是，动机背后的原因远比动机是什么更有价值。不同的时期、不同的组织模式和不同的雇佣关系、组织文化适合不同的组织以及个人，因此，没有千篇一律的万能成功公式。组织有必要通过测评来了解动机并衡量动机背后的原因，以便做出最合适的决策。

综上所述，激励是复杂的，是组织生产力、盈利能力和员工幸福感的重要组成部分。

Motivation And Performance
A Guide To Motivating A Diverse Workforce

致　谢

感谢所有对本书的写作和出版工作给予过支持的朋友。感谢雷切尔·卡斯珀（Rachel Casper）、劳埃德·克雷格（Lloyd Craig）、希瑟·克雷格（Heather Craig）、修那·多尔蒂（Shonagh Doherty）、德尔塔·艾默生（Delta Emerson）、卡伦·福克斯（Karen Fox）、肖恩·格雷厄姆（Sean Graham）、马库斯·吉（Marcus Gee）、马修·格里菲思（Matthew Griffiths）、艾莉森·格雷尼尔（Alison Grenier）、劳拉·考托比（Lara Kotobi）、酷迪·克罗（Kody Krogh）、布伦丹·麦克雷（Brendan MacRae）、戴安娜·麦克雷（Diana MacRae）、邓肯·麦克雷（Duncan MacRae）、切丽·曼陀林（Cherie Mandolin）、塞莱斯特·麦克法兰（Celeste McFarland）、凯琳·迈拉（Kyleen Myrah）、迈克尔·奥威克（Michael Orwick）、答米塔·普雷斯尔（Damita Pressl）、马丁·里德（Martin Reid）、保罗·雷恩（Paul Rein）、罗伯塔·萨瓦茨基（Roberta Sawatzky）、希瑟·斯图尔特（Heather Stewart）、约翰·泰勒（John Taylor）、亚历山德拉·西奥多埃斯库（Alexandra Theodorescu）、伊索贝尔·汤姆森（Isobel Thomson）、凯瑟琳·桑顿（Katherine Thornton）、斯

231

凯·特鲁波夫（Skye Trubov）、劳拉·维斯（Laura Weis）、肯·惠特尔（Ken Whittall）、杰西卡·韦文（Jessica Weaving）、徐健（Jian Xu）等，在本书的创作过程中，他们以不同的方式给予过我们帮助和支持。特别感谢阿利克塞·雷（Alixe Lay）为本书提供了许多资料，提供了精彩的案例。

特别感谢本书的编辑团队：露西·卡特（Lucy Carter）、凯蒂·汉密尔顿（Katy Hamilton）、艾米·明舒尔（Amy Minshull）、菲利帕·菲佐（Philippa Fiszzon）、阿曼达·达科姆（Amanda Dackombe）、安妮塔·克拉克（Anita Clark）和莎拉·希尔顿（Sarah Hilton）。他们为本书的出版付出了巨大的努力，提供了许多有价值的建议。

谨以此书献给露丝·斯图尔特（Ruth Stewart）、艾莉森（Alison）、本尼迪克特·富恩汉姆（Benedict Furnham）。

感谢你们无条件地爱我，激励我斗志满满地追求成功，并使我拥有了坦然面对失败的勇气。

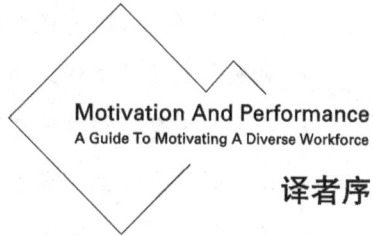

　　成长型公司的痛点在于过度关注公司的业绩和利润指标而忽略了员工的成长、团队的建设以及公司文化的打造；成熟型公司的痛点在于寻求持续改进和发展的机会，让"大象也能跳舞"是这类型企业领导者的追求。挑战无处不在，但是机会也常常以非同寻常的方式出现。关注员工的动机、动机背后的原因，对员工进行有效激励，并改善员工和组织的工作绩效，能够为解决上述问题提供机会。

　　本书探讨了员工动机的种类和常见的有关动机的误解。本书对代际差异，基于种族、性别和年龄等多种形式的歧视进行了分析，并基于双因素理论和需求层次理论创造性地提出了 HPMI 模型（高潜激励因素模型）。该模型基于六个维度对人们的动机进行了分析与赋值，组织和个人可以据此对员工的动机进行测评，并提出富有成效的激励方案。这六个维度分别是：自主性、成就感、归属感、安全性、经济性、条件性。作者认为代际差异是一种刻板印象，事实上，若我们挖掘新生一代的特征，都有可能得出以下印象：

- 能够理解他人的情绪和感受;

- 头脑中充满了想法,具有创造性思维,经常优柔寡断;

- 不喜欢重复,需要不断被激励;

- 在人际关系方面存在困难;

- 喜欢社交活动,喜欢和他人在一起;

- 并不付诸实践的空想家;

- 纠缠于各种关系,害怕做出承诺。

因此,我们不能将代沟神话当作管理失效的借口。人们的选择和行动的结果都取决于其动机的强弱程度,取决于受激励的程度。任何一个组织、任何一个层级的管理者都有机会对员工进行卓有成效的激励,并改善团队和组织的绩效,前提是要避免先入为主、避免刻板印象、避免各种形式的理由和借口。

动机差距可能会给员工带来压力,影响员工的幸福感,进而影响员工工作的动力、敬业度和忠诚度。当今,工作中的压力比以往任何时候都大,主要的压力来自心理健康的压力。据统计,1995—1996 年和 2014—2015 年,英国工作场所中死亡的人数已经减半。自《健康与安全工作法案》颁布以来,英国在工作场所的致命伤害率已经降至 1974 年的六分之一。来自美国的研究表明,20 世纪,工伤率下降了 90%,而劳动力的规模则翻了一番。相反,自 20 世纪 70 年代以来,人们在工作中感受到的压力却上涨了一倍。导致压力的因素是多种多样的,既有内部因素,也有外部因素。管理者应该关注工作中员工的压力,帮助其识别压力源,提供有效的、有建设性的解决方案。压力可能会使个体产生消极的情绪,但是若压力处理得当也可以变成积极的动力。公司为员工创造良好的工作环境、打造有凝聚力的文化、表达积极的意图,都有可能帮助员工缓解压力。

本书同时探讨了内在动机、外在动机的不同表现形式,对就业公平、工作中的交流和对话、员工的敬业度、组织健康度和组织文化进行了探讨。研究表明，人们更看重自己在工作中有所成就或者取得成就时获得的满足感，因此，那些令人更快乐的工作并不一定是报酬丰厚的工作，而往往是更具有挑战性、复杂性、有利于个人成长的工作。金钱和人们的幸福感并非呈正相关，而员工的敬业度与员工的绩效呈正相关。在员工的敬业度方面，作者分析了将"晋升"当作一种激励方式的利弊。把一个人从其曾经从事的、积极有效的岗位提拔到管理岗位，可能意味着提拔失效。这源于一种集体错觉。这种错觉认为，管理是一份更好、更重要的工作，而提拔到管理岗位意味着对个体的优秀绩效的奖励，但事实并非如此。提拔员工是改进员工敬业度的方式之一，但不是唯一的方式。有些人喜欢管理工作，而有些人可能更擅长磨炼自己的专业技能。

有关黑暗面和破坏性动机的探讨也是本书的独特之处。人们常常认为，邪恶的人更容易被极端组织吸引，而守法且正直的普通公民是不会被吸引的。但是研究表明并非如此，那些有过破坏性、犯罪或者其他类型的邪恶行为的人与普通人的共同点非常多。因此，人们更应该了解和关注邪教、极端分子和犯罪组织的吸引力，并通过测量及早发现人们的破坏性动机，进而予以有效的引导和干预。

本书通过大量案例研究和数据实证为读者提供了有关动机、激励和绩效的理论、方法与工具，可读性和实践性强，适合管理者和人力资源从业者阅读。

长沙师范学院
龙红明